Danijele del Đudiče
APSOLUTAN SLUH

REČ I MISAO
KNJIGA 503

Sa italijanskog prevela
ANA SRBINOVIĆ

CIP – Каталогизација у публикацији
Народна библиотека Србије, Београд

850-32

ДЕЛ ЂУДИЧЕ, Данијеле

Apsolutan sluh / Danijele del Đudiče ; [sa italijanskog prevela Ana Srbinović]. – Beograd : Rad, 1999 (Lazarevac : Elvod-print). – 127 str. ; 18 cm. – (Reč i misao ; knj. 503)

Prevod dela: Mania / Daniele del Giudice. – Str. 125–126: O piscu i delu / J.[Jovica] A.[Aćin]

ISBN 86-09-00631-X
ID=76954892

DANIJELE DEL ĐUDIČE

APSOLUTAN SLUH

IZDAVAČKO PREDUZEĆE „RAD"
BEOGRAD

APSOLUTAN SLUH

„Vidite – reče čovek koji je sedeo preko puta mene u vozu – ja se bavim prašinom, isključivo prašinom", i to reče kao da mu je tobože krivo što se ne bavi nečim opipljivijim, a zapravo dajući do znanja da je prašina jedan bogat i šarolik univerzum, o kojem ja zasigurno ništa ne znam. „Pretpostavljam da vi prašinu doživljavate isključivo kao smetnju, kao znak nebrige i oronulosti ovog sveta, dok je ona u stvari prepuna iznenađenja". Bili smo sami u kupeu, škotski pejzaž je netom utonuo u noć, u prozoru su se ogledali naši profili a mi smo već bili obavili sve ono što se može obaviti u toku jednog putovanja vozom: čitali, odremali, upoznali se, razmenili nekoliko otrcanih fraza o vremenu i predelu, i sada smo pričali o prašini. Ili, tačnije rečeno, on je pričao, ja sam slušao: „Dobar deo prašine dolazi iz kosmosa, to je takozvana kosmička prašina, nezamislivo sitne čestice od kometa i meteorita koje padaju na zemlju, tako da planeta iz godine u godinu postaje sve teža, svake godine zemlja je teža za deset hiljada tona, deset hiljada tona prašine. Ali ta prašina je plemenita, ili barem predstavlja onu plemenitiju stranu moje profesije, mi koji se bavimo ovom profesijom s vremena na vreme se sastajemo u Edinburgu gde po nekoliko dana razmenjujemo novosti koje prašina donosi, kao da neki glas iz kosmosa šalje vesti posredstvom kakvog oblaka prašine".

Osećao sam se nelagodno, ne zbog prašine koja me je u ovaj kasni čas mogla oduševiti koliko i bilo koja druga tema, već zbog lica tog čoveka; dok sam bio mlad verovao sam da će takva lica vremenom nestati, pripadala su nekom dobu pre mene a svako doba polaže pravo na svoja lica, ali kako sam stario otkrivao sam lica koja su se ponavljala svakih desetak godina ne mareći ni za kakve promene, a njegovo je bilo jedno od tih, biološki obrađeno u skladu s nekim minulim ustrojstvom. Samo što problem nije bio u njegovom licu, već u mom: draže bi mi bilo kada ga on ne bi zagledao, kada ni na koji način ne bi mogao da ga upamti, i taj čudan osećaj, kojem nisam poznavao uzrok, izazivao je u meni nelagodnost.

„Naravno da postoji i ona manje plemenita prašina, i to je ona manje plemenita strana moje profesije. Reč je o prašini koja se gomila pod krevetima, iza ormana, na izbočinama zidova. Prašinu u kućama je teže dešifrovati jer se javlja u bezbroj oblika, ali kad biste samo znali koliko podataka sadrži, podataka o onome koji tu stanuje; jedinstvenih poput otiska prsta."

U suprotnom pravcu projuri neki drugi voz i taj iznenadni nalet vazduha preseče nam dah ali se obojica, svaki na svoj način, odmah pribrasmo, on nastavi: „Veliki deo prašine ne pripada kući, potiče iz vulkana koji je izbacuju ili šuma koje gore na drugim kontinentima, donosi je vetar, ali ono ostalo proizvodimo mi sami, vi i ja i svi ostali stvaramo na hiljade tona prašine, a ja se bavim i njom, svaki pramen prašine razlikuje se od onog drugog, zavisi od navika ukućana, dovoljno je znati pročitati prašinu, uvećana nekoliko hiljada puta nalikuje kakvoj šumi sa stablima, lijanama i kamenjem, i nebrojenim mnoštvom životinja. To je svet grinja, ima ih na milione, bez očiju, sa šiljatim nožicama, sastoje se iz jednog jedinog komada koji je istovremeno i trup i glava. Nalaze se posvuda, čekajući na ljuspice sa naše kože."

Kada je reč o prašini, ako baš moram o njoj da razmišljam, pamtio sam ono uživanje s kojim sam posmatrao kako je guta ždrelo usisivača otvarajući besprekorno čistu brazdu na tepihu nalik uzoranom polju, beše to pravi pravcati preporod tog runa, mada ne kažem da je preporod kuće oslobođene prašine istovremeno bio i moj preporod, ali je unosio izvestan spokoj. Pomenuh to svom saputniku, on podsmešljivo odgovori: „Znam, svi ste vi opsednuti čistoćom, po celi dan nešto briskate i glancate, vi Italijani pogotovu. Zar ništa drugo ne može da vas smiri? Srećom prašina se ne da uništiti, samo se premešta zahvaljujući beskorisnim spravama poput te vaše, i čim izađe iz kuće ili iz kamiona koji je tamo negde izbaci ponovo se vraća u opticaj. Verujte mi, prašine se nikada nećemo ratosiljati."

Naravno da nisam mogao da mu objasnim da se osećanje spokoja koje sam pomenuo odnosilo na neko davno prošlo vreme, na izvesna praznična jutra kada sam raspremao i čistio kuću, kada je moj život bio sređen i kompaktan, pre nego što se otvorilo ono mnoštvo rupa, ali su mi one makar bile poznate; međutim, odnedavno se pojavila jedna ledena pukotina, jedan ledeni dah samrtno hladan koji nikada ranije nisam primetio. I zato, iako sam se trudio da budem nevidljiv, ili barem takav da me stručnjak za prašinu (već sam ga tako nazivao) ubrzo zaboravi, grčevito sam se hvatao za njegovo pripovedanje, jer svako pripovedanje sledi neku nit – njegovo, pak, krajnje neumoljivo – a svaka nit mi je odvraćala misli od onoga što me je plašilo.

„Ni grinja se ne možemo otarasiti – dodade. – Naše spavaće sobe su besprekorno čiste, dušeci su nam isprašeni, čaršavi mirišu na lavandu, pa ipak, u vašem krevetu kao i u mojem obitavaju milioni grinja, vi ih ne vidite i čak vam i ne smetaju, jedu čestice vaše odumrle kože koje otpadaju svake noći, na hiljade sićušnih ljuspica odvaja se od vas i završava u njihovom stomaku, a zatim ih izbacuju, možete ih videti u bioskopu, to su one svetleće čestice koje trepere u snopu svetlosti projektora, ili u tanušnom zraku sunca koji se probija kroz žaluzine na prozorima vaše spavaće sobe, te lebdeće čestice nisu prašina, to je izmet, vaša koža koju su te životinjice svarile i izbacile napolje."

Čak je i način njegovog pripovedanja pripadao nečemu što sam kao mlad smeštao u neko doba pre mene, ono nasrtljivo uvlačenje sagovornika u mrežu neke teme ali bez pravog udubljivanja u nju, kao da reči služe nečem drugom i kao da postoji neki paralelni prostor u kojem prebivaju misterija i spoznaja, neki neizrecivi prostor, koji je pak jedino važan. Pričao je, uistinu, veoma dugo, gledajući iskosa i procenjujući, dočekavši da u Jorku izađu dve žene u zvonastim kišnim mantilima, majka i čerka, koje su ušle zajedno s nama u Londonu; potom je nešto prokomentarisao na šta sam ja uzvratio šalom. Što je razgovor dalje odmicao ja sam se sve više trudio da ga obesmislim svodeći ga, barem što se mene ticalo, na klimanje glavom, osmehe, ćutnju.

Na prozoru se kroz mrak treperavo probiše narandžaste svetlosti grada, voz je usporio, ulazili smo u Vejverli Stejšn, Edinburšku stanicu. On ustade uzdahnuvši, izgledao je kao neko ko je nešto obavio ali time nije u potpunosti zadovoljan, navukao je kaput i spustio prtljag.

Dobro sam znao da je voz idealno mesto za izmišljanje lažnog identiteta, nekog drugačijeg života, za kratak nastup namenjen sebi i drugima na maloj sceni kupea, ionako se nakon izlaska iz voza više nikada nećemo sresti, o tome sam mnogo puta razmišljao dobro pazeći da mi se to ne dogodi. Pa ipak, kad sam i ja ustao a on reče „Mora da sam vas ugnjavio onim beskrajnim predavanjem o prašini... Nisam vam se ni predstavio" i skandirajući izgovori svoje zvučno englesko ime, ja začuh sebe kako izgovaram neko ime koje nije bilo moje, koje nikada ranije nisam čuo niti sam ga od ikoga pozajmio, tako spontano i bezbrižno da me to više od svega začudi. On me je koji časak posmatrao, potom me upita da li hoću da večeram ili ručam s njim, naći ću ga u hotelu *Kaledonijan*, mogao sam ga tamo nazvati rano ujutru. Rekoh da hoću, ali to nije bilo sve što rekoh: ispričao sam mu da je ovo moja prva poseta Edinburgu, da je u pitanju jedan kratak jesenji odmor, da ću biti u gostima kod svojih poznanika. I ništa od svega toga nije bilo istina. U hotelu, oslobođen ispitivačkog pogleda stručnjaka za prašinu pokazao sam svoj pasoš, još uvek zbunjen činjenicom da sam se maločas predstavio lažnim imenom, zbunjen i uznemiren. Hotel *Aberkrombi* spadao je u red skromnijih engleskih hotela iz toga doba, s bombastičnom fasadom i dotrajalim nameštajem, pa ipak soba je bila prostrana, imala je nišu s lučnim prozorom prema jednoj ulici koja je danju morala biti dosta prometna. Raspakovao sam kofere i složio stvari u orman, nisam imao pojma koliko ću ostati. Iz kofera sam izvadio i jedan mali kasetofon i stavio ga na stočić u niši. Znam da postoje i bolji uređaji za slušanje muzike, ali ja sam pripadao onom dobu kada preciznost zvuka nije bila vrhunska, nije mi smetalo šuštanje ili pomanjkanje basova i soprana, verovatno sam time nešto gubio ali to nije bilo važno. Štaviše, onih nekoliko puta kada sam probao da slušam sa slušalicama i na savršenijim uređajima, muzika bi me do te mere zaokupila, bila je toliko omamljujuća i snažna da bi me to sasvim rastrojilo. Kvalitet zvuka je preovladavao nad svim ostalim, i ja bih slušao zadivljen kvalitetom ne obraćajući pažnju na samu muziku, svaka melodija zvučala mi je bezbojno, poput kakve ljubavne izjave koju čita spiker, na taj način sam sprečavao muziku da mi priča.

Napunih vodom i kafom automat koji se nalazio u sobi; pripremao sam se za besanu noć te ju je valjalo olakšati. Dok sam čekao da se tekućina procedi setih se stručnjaka za prašinu, kada smo izašli iz stanice navaljiivao je da me poveze svojim taksijem, ja sam to odbio, onu izmišljenu kuću mojih poznanika uspeo sam da smestim u takvu zabit da mu, kojim god putem išli, nije mogla biti usput. On me je netremice posmatrao kroz prozor od auta oklevajući da ga zatvori, potom me je pozdravio jednim ironičnim pokretom, neznatno savijajući vrhove prstiju. Uđoh u sledeći taksi, strahovao sam da će me pratiti i stalno sam se osvrtao, ali ulice iza nas odmicale su velikom brzinom i bile su puste, i to osvrtanje i proveravanje me je užasavalo.

A što se pričanja tiče, to nije tačno, muzika mi nikada nije pričala, zakačila bi se za one tanke niti u meni koje nisam poznavao, duboke kao alge, muzika ih je izvlačila na površinu, i u jednom trenu pojavio bi se vršak, meni je preostajalo samo da ga uhvatim i povučem. Muzika je bila otkrovenje, ali ne u opštem smislu, otkrivala je stvari „za mene", bila je krijumčar koji je noću prelazio graničnu liniju i donosio mi ono što nisam očekivao. I više od toga, muzika bi prokrijumčarila čak i mene, pomagala mi da krišom pređem granicu poput izbeglice, iznosila me napolje, i to napolje bi se uvek otelovilo u nekom činu. Jedna muzika je učinila da se venčam sa svojom ženom, neka druga muzika da se nekoliko godina kasnije od nje razvedem, ja svoj život u sećanju nisam delio prema dobima ili gradovima već prema muzici, to jest, znam zbog koje sam muzike napustio svoju zemlju, zbog koje sam muzike diplomirao na političkim naukama s tezom o rešavanju međunarodnih sporova, zbog koje muzike sam napustio tu karijeru i počeo da se bavim drugim poslom, jednim od onih posredničkih poslova tako lakih i unosnih da nisu čak ni ličili na posao, spajanje naizgled raznorodnih aktivnosti, uspostavljanje kontakata među osobama koje se toga nikad ne bi setile, stalna putovanja, puno poznanstava, puno čavrljanja. Odlično sam se sećao svih muzika svog života, ali sada više nisam mogao da ih slušam, pripadale su prošlosti, nisu više ničemu služile. Muzika je bila otkrovenje, onaj deo mene koji je iznosila na površinu bio je počesto prljav i truo, tek pokatkad čist i iskaziv; s godinama naučimo da sebi štošta priznamo, još koju godinu i naučimo da bez ustezanja delamo u skladu s našom prirodom. Muzika je za mene bila delanje.

Podigoh zasun na lučnom prozoru, sa Fortskog Firta dopirao je svež noćni povetarac, miris luke i nafte koji je magla što je milela uz padinu Holiruda činila još vlažnijim; eto to mi se dopadalo kod Edinburga, a ne ono preobilje kitnjastih kuća i parkova, to što su usred grada ostavili netaknute čitave brežuljke, prirodne spomenike sopstvenoj zemlji, urbani prostor ih je obazrivo opkoljavao, čak je i železnička stanica bila smeštena u jednom dubokom useku, i gde u drugim gradovima teče reka tamo, u nečemu nalik na isušeno korito, tekle su tračnice. Sa prozora se video kraj ulice Aberkrombi koja se završavala ovalnim trgom, dva polumeseca kuća jedan naspram drugog; uvek su mi se dopadale prodavnice noću, onako osvetljene i prazne, pozornice u iščekivanju glumaca, zurio sam u izlog s kineskim vazama i perionicu na čijim je vratima bila ispisana cena najbolje opranog veša u gradu.

. Već neko vreme sam svoje noći tako provodio: uključio bih mali kasetofon, menjao stanice, natenane, slušao, odbacivao, ponovo se vraćao, to sam radio i te noći pijući kafu, sedeći u lučnom prozoru, da vidimo kakvu muziku puštaju u Škotskoj u ovom trenutku, tražio sam iz navike, ili možda iz radoznalosti, ne, iz straha, jer sam na žalost moju sadašnju muziku već posedovao, iako nisam uvek imao hrabrosti da je odslušam. Bila je tu unutra, zabeležena na traci kasetofona.

U prvi mah mi je zaličila na kakvu banalnu pesmicu, kada sam pre nekoliko sedmica na nju slučajno nabasao (u mom životu su uostalom bili važni i užasno glupavi šlageri i velika polifonijska dela, afričke udaraljke ili usamljene note, teške i duboke, koje se ponavljaju u beskraj, muzika mi se nudila kao kakva celina iz koje sam svaki put izvlačio ono što je moglo da mi posluži), evo jedne banalne pesmice, lepršave i šaljive, i prošlo je nekoliko sekundi pre no što sam pretrnuo, i još nekoliko dok sam ispritiskao dugmeta kako bih je snimio, sve u svemu verovatno sam dobar deo propustio. Završila se gotovo odmah, čekao sam da neko kaže kako se zove, ali melodija se istog trena pretočila u neku drugu, možda i lepšu, ali meni sasvim nebitnu.

Bilo je nemoguće narednih dana pronaći tu stanicu; nemoguće saznati, obilazeći sa svojim kasetofonom muzičke prodavnice i puštajući onaj fragment, o kakvoj je muzici reč; neki prodavci su nemoćno širili ruke, drugi bi odmah rekli „Da, naravno", ali potom, na traci koju bih kupio moje melodije nije bilo. I kao što se događa sa stvarima za koje ne možemo da se setimo gde smo ih videli, pa počnemo da se pitamo da li smo ih uopšte videli, katkad pomislim da ta melodija zapravo ne postoji, i tek tada, tek kada sebe uspem u to da ubedim i učini mi se da sam se konačno oslobodio, tek tada smognem snage, kao sada, da pritisnem dugme. Čuje se šuštanje, prazan hod, napor odmotavanja. Potom kreće muzika.

Ugasio sam svetlo u sobi, čak sam i svetlo doživljavao kao šum; želeo sam mirno da slušam, da je celu preslušam, da budem siguran: ne u melodiju, koju sam i suviše dobro znao, već u ludački i krvav prizor koji mi je svaki put izvlačila na površinu. Melodija je bila tu, kako god da je stigla, nisam mogao da je poreknem; još sam jedino mogao da se zavaravam da nisam dobro razumeo čin koji je od mene zahtevala. Ali preslušati je ponovo bilo je kao suočiti se s nekom završnom računicom koja bi se nakon svake provere ispostavila kao neumoljivo tačna.

Poslednjih sedmica naučio sam da ne dozvolim svom telu da ga svom silinom zapljusne strava, da jedan njen deo preusmerim na beznačajnije utiske; pomislih na Edinburg tamo napolju, koji je sada bio nalik kakvom noćnom oreolu, vlažnom od magle. To je grad žaluzina koje se spuštaju i dižu, ali i stepenica koje se spuštaju i ponovo uspinju kroz skrovite prolaze, neočekivanih i mračnih dvorišta, podzemnih hodnika s lučnim svodovima koji vode iz jednog zdanja u drugo, galerija koje kao da su crvi izdubli kroz vekove, grad u kojem mrtve čujete, uljudni su i prisutni, nimalo neotesani. Čujete njihovo disanje i njihovo hrkanje, postoji jedan trenutak u životu kada to jasno počinjete da opažate, i vremenom polako shvatate da pomisao na smrt nije ništa drugo do to, ta sposobnost da se priguše svi drugi zvuci, bespotrebni i prolazni, kako bi se razaznao žamor te neutelovljene družine koja hrče i kojoj ćete zauvek pripadati. Ne omogućavaju svi gradovi takvo osluškivanje, svet je pun besvesnih ili umišljenih gradova, nehajnih, gde mrtve ne čujete, gde su oni samo pokojnici; u tim gradovima prinuđeni ste da ih tražite u podzemlju, da otvorite kapak na dnu podruma otkrivajući jedno sivo nebo nad ulicama još uvek prepunim kočija i bede, uglja, tramvaja i konja i uličnih prodavaca vode, nekog kostimiranog naroda s prašnjavim cipelama, gde fabrike i dalje proizvode mašinerije nalik kosturima, a bulumenta krezave i beslovesne dečurlije podiže oči i podrugljivo pilji u vas.

Ustao sam, natočio čašu vode iz umivaonika i uzeo prekrivač s poslednje police ormana. Bilo mi je hladno. Muzika je uvek odlučivala za mene, nagoneći me na delanje. Nisu to uvek bila časna i elegantna dela, bila su jednostavno odlučujuća, pokretala su moj život diskretno usmeravajući njegov tok, polako ga sjedinjujući s mojom sudbinom. U periodima sumnje nije bilo muzike, čak ni onog unutrašnjeg pevušenja koje prati korak, kretnje, ritam tela. Tada sam počinjao da tragam i pre ili kasnije bih našao. I ovog puta sam pronašao svoju muziku, ili bolje rečeno ona je pronašla mene, i iz mene je iskopala i izvukla u svest nešto što nisam očekivao, što niko nikada ne bih očekivao, a što mi se sada činilo neumitno jasnim: neodoljivu i sasvim svesnu potrebu da nekog ubijem.

Da bi se izvršilo ubistvo potrebni su žrtva i oružje, a ja nisam imao ni jedno ni drugo. Sledećeg jutra sam rano izašao iz hotela. Trebalo je da što pre nabavim oružje, budući da je njega lakše naći; međutim, žrtva je ta koja određuje način na koji će biti ubijena, a takođe i mesto zločina, ne mesto na kojem će se zločin odigrati nego mesto koje u sebi već sadrži taj zločin, čekajući da neko dođe i počini ga. Jedino što sam u ovom trenutku imao bio je podsticaj, koji mi je dala jedna melodija, lišen potrebe da bude zagađen nekim drugim osećanjima, podsticaj koji je pokretao, sam sebi davao snagu, kao oni vetrovi koji vam gruvaju u leđa.

Tako sam počeo da osobe posmatram *sub specie victimae*. Nije mnogo trebalo, već sam u autobusu koji se spuštao prema Kvin Stritu postigao to sužavanje polja, tu usredsređenost, koji vas uvode u ograničeno i napregnuto polje opsesije. Naroda za posmatranje i odabir bilo je na pretek, ceo grad se selio s jednog brežuljka na drugi penjući se i silazeći, premošćujući na Džordžu IV ili Nort Bridžu isušeno korito železnice. Na primer onaj sredovečni čovek koji čeka na stanici? Ili onaj mlađi koji kupuje novine? Onaj student Indijac, zakleo bih se da je student, u sakou s kravatom i turbanom? Ova žena koja hoda ispred mene, uzana suknja, žustar korak, profil plavuše okrenut ka izlozima? Toliko je puna sebe! Ili devojka koja u izlogu razmešta lažne kornjače po lažnom japanskom vrtu? Onaj profesor, zakleo bih se da je profesor, sa fasciklom i u sakou deformisanom na ramenima, tamo na semaforu? Onaj dečak sa gajbom mleka? Onaj Jamajkanac, štaviše dva Jamajkanca, zašto da ne?, koji sede na stepeniku ispred jedne kapije? A kada bih isekao na komade starog Škotlanđanina koji na uglu Lonmarketa svira u gajde *Whisky and Glory?*

Ne, tako gledani niko od njih nije odgovarao, ili su svi odgovarali, nezavisno od izvodljivosti samog čina. Počeo sam da shvatam da stvar nije u tome da odaberem bilo koju žrtvu, već da pronađem svoju, onu za koju će me vezivati neka duboka nužnost, kao što je insekt vezan za končić svoje sluzi. Ušao sam u jednu veliku robnu kuću zadržavajući se dugo na svakom spratu, i svaki sprat je nudio svoju robu, kao kakva kuća podeljena po nameni i vertikalno ustrojena, ali svi spratovi su u to doba bili posećeni samo ženama, neke su šetale s decom a neke same, i starijim ljudima, jednom rečju, veoma ograničen uzorak. Ulazio sam u prodavnice hrane za egzotične grupacije, pretvarao se da me zanimaju konzerve s paštetom od raka, liofilizovane alge, tube sa začinima i sosovima, pirinač, a zapravo sam posmatrao ljude koji su ulazili i izlazili, a nakon poslednjeg izašao bih i sam. Šunjao sam se po dvorištima, gde su se među nagorelim ciradama i nazidanim kutijama ljubili neki momak i devojka obučeni u crno, bledi i tanušni. Srce mi se stezalo, svako je imao svoj život, bio on ružan ili lep, i čvrsto se držao u svom sedlu, samo sam ja bio izmešten i naopak, kao neko ko na grbači nosi svog konja. Progutah nekoliko zalogaja u jednom dupke punom pabu, muškarci s kravatama i žene u kostimima koristili su pauzu od posla koji se verovatno nije bitno razlikovao od mog, ista probojnost, iste informacije, isto suparništvo, isti priručnici sa sitnim lukavstvima, isto pokoravanje onom jedinom zakonu (koji je bio i jedina tema razgovora u toku jela), otrcanom i suverenom. Ali oni su bili združeni i u besprekornom suglasju, dok sam ja bio izgubljen i sam.

Ni od njih niko nije odgovarao, kao žrtve bili su sasvim neuverljivi. Jer sam u toku popodneva to shvatio, svoju žrtvu sam morao da otkrijem kao što detektiv otkriva svoga krivca, morao sam u nju posumnjati, ne ispuštati je iz vida, čekati da se oda. Ali kako se odaje jedna žrtva? Kakva je greška može razotkriti, zbog kakve greške ću je uhvatiti na delu? Birao sam prometne ulice koje su nudile bogat izbor osoba, zalazeći doduše i u one puste gde je usredsređenost na retke prolaznike bila dublja i trajnija – opazio bih ih izdaleka, iskoristio vreme približavanja da osluša njihove damare, a potom oslobodio napetost u jednom kradomičnom pogledu, hitrom i neutralnom, koji bismo razmenili u prolazu. Osetio bih trenutnu želju ili trenutni strah, neki neuhvatljivi užas, kao da su moje namere providne ili dostupne drugima, ili kao da sam ono što moram da učinim u tom trenutku već činio. Tada bih pokušao da se zaokupim nečim drugim, u jednoj prodavnici sam razgledao košulje, a ne više prodavce ili kupce, dobro bi mi došla nova košulja, trenutak predaha, mogao sam sebi da kupim šešir, jedan od onih šešira koji upotpunjuju osobu kao krov ili zastava, košulja ili šešir ili par cipela ukazivali bi na mrvicu budućnosti i normalnosti. Ali kada bi prodavac napokon rekao „Izvolite?", u njegovom pitanju tražio sam nešto lično, neku tajnu, modulaciju u glasu, pristanak, i zurio sam zanemelo u njega, a kada bi on ponovio „Mogu li da vam pomognem?" odgovarao bih sa ne i odlazio.

U smiraj dana grad se ponovo pokrenuo, gore-dole s jednog brežuljka na drugi, redovi autobusa na mostovima i kolone automobila na raskrsnicama. Svetlost se gasila na nebu prekrivenom cirostratusima koje je vetar gore visoko cepao u pramenove, ali još nije bila noć, svetla u kućama bila su upaljena ali još ne zbog večere, automobili su me preticali, odmakli bi nekoliko metara i parkirali u mirnim ulicama, poneko bi iz njih izašao zatvorivši vrata a sa njima i jedan deo svog dana, otvarajući drugi zajedno s kućnim vratima. Ljude više nisam gledao, barem ne na način na koji sam ih gledao čitavog tog dana. Bio sam sit lica, kretnji, karaktera, mogućnosti i kandidata, a da pri tom nisam našao svog. Hodao sam po inerciji, inerciji nastaloj usled potisnute energije, usled želje da me to prinudno odbacivanje potencijalnih žrtava obeshrabri u mom naumu, potišten i bez ikakve nade, stanje koje sam tako dobro poznavao.

Nađoh jedan mali restoran u blještavo osvetljenoj i još uvek prometnoj ulici. Odmah nakon ulaska dočeka me žagor i red od četiri-pet osoba koje su čekale na sto. Za kratko vreme bili su smešteni vojnik sa devojkom i jedan stariji par. Ostali smo ja i jedna žena od koje sam do tog trenutka video samo oblak bujne crne kose. Konobar upita: „Za dvoje?" Žena me pogleda i ja pogledah nju, objasnih konobaru da nismo zajedno, ali on okrenuvši se pokaza na sto u dnu sale, jedini koji je upravo postao slobodan.

Seli smo jedno naspram drugog, položaj koji nije obavezivao na razgovor i uspeli da naručimo (ona kuvano povrće, ja teško i začinjeno jelo s mesom koje je bilo u jelovniku) i da počnemo s večerom kao da onaj drugi nije postojao. Tako obedovati nije bilo lako ali nisam želeo da joj smetam, kružio sam bezizražajnim pogledom po restoranu, i nakon svakog kruga urezao bi mi se poneki detalj s njenog lica: snažno istaknute jagodice, obrve izvijene prema slepoočnicama, kao kod izvesnih ptica koje izgledaju strogo. A potom široka i koščata ramena, i bele i nežne ruke. A s rukama i sat. Bio je to jedan od onih plastičnih satova kojima su Švajcarci osvojili primat u svetskom merenju vremena, jedan *swatch,* od onih prvih, verujem, i stoga već redak primerak. Umesto brojeva imao je četiri sitno ispisane reči različite boje, *don't* na dvanaestici, *be* na trojci, *too* na mestu šestice, *late!* tamo gde je u ovom trenutku kazaljka pokazivala devet. *Don't be too late!* Upozorenje da ne okasnim suviše mogao sam shvatiti kao opomenu zbog današnjeg proćerdanog vremena, zbog mog neuspešnog traganja, ili kao savet da što pre učinim ono što mi je valjalo činiti. (Čitavog svog života imao sam osećaj da kasnim, a preduzimljivost kojom sam pokušao da pobedim taj osećaj nije bila ništa drugo do navika). *Don't be too late!,* da li je to neki znak? Ili pre nego znak neka poruka koju mi ta žena šalje: evo me, požuri.

Ona prekide ćutanje ne dižući pogled sa svog povrća, reče: „Danas me je posetila sadašnja žena mog bivšeg muža. Nikada je ranije nisam videla, simpatična devojka, pričala mi je o manama koje postepeno otkriva u njemu, želela je da zna da li se i sa mnom tako ponašao. Smešno, bile su to sasvim drugačije mane od onih koje sam ja poznavala, bila sam iznenađena, rekla sam: „Ma jeste li sigurni?" Čovek za koga sam se ja udala bio je toliko ozbiljan i povučen da je bio gotovo nevidljiv, u kući je postojao kao prisustvo, to da, kao što vi u ovom trenutku postojite preda mnom, ali bio je kao komad nameštaja, kao orman ili stočić, komad nameštaja koji stalno menja mesto, jednom ga zatekneš u spavaćoj sobi, drugi put u dnevnoj. Nikada nisam uspela da dokučim o čemu je razmišljao."

Morao sam biti oprezan, ne požurivati događaje, ne izreći nešto što bi odviše ubrzalo ili usporilo stvari, nastaviti s jelom iako mi je neka čudna napetost stezala želudac, i tako zapravo ne rekoh ništa, a kada me ona pogleda u želji da proveri da li sam razumeo, uputih joj jedan uviđavan i blag osmeh.

„Međutim ta devojka – nastavi ona – opisala mi je jednog čoveka koji ju je obasipao pažnjom i nežnostima, što je na početku bilo vrlo prijatno, a potom sve zamornije, jednog čoveka koji ne zatvara usta, ne postoji tema o kojoj on nema šta da kaže, noću ne može da zaspi, i taman što ona sklopi oči on počne da priča čuj, draga, sećaš li se onoga o čemu smo prekjuče raspravljali, znaš razmišljao sam, i mislim da stvari stoje upravo ovako, i ponavlja joj iste one zaključke od pre nekoliko dana. To je posebno brine, to ponavljanje, on kao da se neprekidno vrti u krug, poput zamorčeta u lavirintu, spotiče se o iste prepreke ali to ne primećuje, zadovoljan je, nasrće pravo na zid kao da na tom mestu vidi izlaz, ni ne opaža da mu je put zaprečen, veruje da je izašao, i tek tada, pred zoru, tone u san."

Na brzinu smislih nekoliko rečenica o razdobljima života, o tome kako se čovek menja nabolje ili nagore, u zavisnosti od toga šta drugi podstiču u njemu, i potrudih se da na te banalnosti utrošim što manje vremena kako bi ona nastavila da priča izvijajući svaki čas svoje prelepe izdužene obrve. Ionako rečima nije moguće uspostaviti bilo kakvu vezu, pa čak ni onu strahotnu za kojom sam tragao. Slušao sam, odgovarao, u međuvremenu sam merio napetost, njenu, moju, koja je vrebala iz okrajka neke njene rečenice, iz iznenadne prozirnosti njenih crnih zenica, iz moje uskomešane krvi.

„Znate, ne bi me začudilo da počini kakvu glupost, – reče ona. – Bio je tako staložen, tako uredan, tako određen. Nadala sam se da će godine ublažiti tu njegovu krutost i njegovu pasivnost, da će možda vremenom

shvatiti da nije sve u žrtvovanju, da se ne mora baš sve mukotrpno osvajati santimetar po santimetar kao na frontu. Ali posle razvoda nisam više ništa čula o njemu. Ne bih se začudila, sada, ako bi počinio kakvu glupost."
„Na kakvu glupost mislite?"
„To je već teže predvideti. Postoji jedan trenutak u životu svakog čoveka kad on oseti potrebu da nešto preseče. Napušta ženu s kojom živi i odlazi s nekom mlađom, ostavlja posao koji ume da radi i prihvata se nekog drugog u kojem ne uspeva, ili recimo otkriva važnost biljaka i posvećuje se baštovanstvu. Ne mora da znači, ali gotovo uvek sebi upropasti život, marljivo uništivši sve ono što je godinama marljivo gradio. To je jedan poseban momenat, i svako ga rešava na svoj način."

Da li je to bila ona? Bacih pogled na njen vrat, imala je dve paralelne bore tek naznačene na koži. Mesto za poljupce, pomislih s tugom. Upravo ono mesto gde treba stegnuti rukama, gotovo istovremeno posmislih s užasom. Koliko bi vremena bilo potrebno? A ako to nije ona?

Stiže konobar s desertom, i pošto je sada bilo manje gostiju zadrža se nekoliko časaka izvinjavajući se što je morao da nas smesti za isti sto, iako ni meni niti njoj to više nije bilo važno. Kada se udalji, ona reče: „Uzmite na primer glumce. Sa nama su iz filma u film kao da su nam rođaci. Godinama se upinju da izgledaju što mlađi, to postižu zahvaljujući ulogama, zahvaljujući šminki. A onda odjednom ostare, počnu da igraju starce, s posve sedom kosom."

Nekoliko sekundi me je netremice posmatrala, sa punom kašičicom u vazduhu, a onda reče, pomalo podrugljivo: „Da niste možda glumac?"

Odgovorih da nisam, osmehnuvši se. I istog trenutka se rastužih. Ne, to nije ona. To nije to. Ukoliko je to ona onda se veoma dobro pretvara, ali to nije ona. Zažalih za jednom sasvim drugačijom prilikom, jednom letnjom večerom na obali mora, jednom hotelskom terasom sa nekoliko stolova i muzikom (gle, ali kojom muzikom? naravno ne onom koja mi se sada vrzmala po glavi), jednim lepršavijim razgovorom, udvaračkim, u kojem bih mogao da učestvujem sa više opuštenosti i istančanosti, čak i sa njom, što da ne, njom i njenim izduženim obrvama.

Pošto su nam uručili račun, na moju molbu dobih dozvolu da platim ovu večeru koju smo mimo naše volje pojeli zajedno. Nakon izlaska iz restorana zastadosmo, ona me oklevajući radoznalo pogleda, oprostismo se. Rukom podiže kragnu na mantilu, u tom pokretu proviri delić njenog ručnog sata i ja ponovo pročitah *don't be too...* Doista je već bilo kasno.

Ulica Aberkrombi nije mogla biti daleko, pomislio sam da usput uzmem taksi, ali ga nisam našao, ili sam možda zaboravio da ga potražim, činjenica je da sam u hotel stigao sav natopljen vlagom i maglom koju je noć donosila odozdo s mora. U sobi mi je dugo trebalo da se zagrejem. U mraku, potražih melodiju na kasetofonu. Mamila je kao i uvek, mamila snažno, mamila na onaj isti način. Šćućurih se u krevetu onako obučen, umotavši se u prekrivač. Kada zvuci utihnuše mogao se razabrati jedan tananiji šum, nešto poput disanja sobe, uzdaha kuće ili grada, poput disaja neutelovljene snevajuće družine. Da, takav je ovo grad, ali ja svoju žrtvu nisam našao, izgubivši pri tom čitav dan. Možda bi bilo bolje da počnem s oružjem, na Haj Stritu sam video jednu prodavnicu oružja, otići ću tamo sledećeg jutra, kako bih makar pribavio oružje kojim će zločin biti izvršen. Ali pri pomenu reči 'zločin' već sam čitavu tu stvar video kao okončanu, sa stanovišta već obavljenog čina. A zločina sam se grozio. Ja sam želeo da ubijem, a ne da izvršim zločin. Znam da je razlika gotovo neuočljiva, ali ja sam se iz sve snage upinjao da je uočim, grčevito sam se hvatao za tu razliku jer sam samo tako mogao da idem do kraja – razdvajajući taj kraj od svega ostalog i zanemarujući ga sve do poslednjeg trenutka.

Malo-pomalo disanje grada postalo je sve sporije, ili možda moje disanje, poput onih dubokih uzdaha koje ispuštaju psi sklupčani sa njuškom među šapama i za koje nam se čini da u sebi sažimaju njihovu sudbinu.

Narednog jutra prodavnica oružja bila je zatvorena. U izlogu je bilo svega i svačega, predivnih revolvera, oštrih bodeža, najboljih preciznih pušaka rasklopljenih i složenih u kutije obložene filcom, kutijica sa mecima, da i ne pominjemo strele. Otvoriće se u deset, ali ja naprosto nisam sebe mogao kroz sat vremena tu da zamislim kako nišanim, isprobavam, slušam savete prodavca oružja i odlučujem se za najpogodnije sredstvo za izvršenje ubistva. Bilo kako bilo, imao sam pola sata na raspolaganju te se uputih prema Zamku. Na polovini puta nalazila se Kamera Opskura. Spolja gledano bila je to trouglasta crno-bela kupola, ne mnogo različita od kakvog malog zvonika u obliku kubeta, smeštena na krovu jedne zgrade sa zupčastim ukrasima. Primetio sam je još juče, izgledala mi je kao neka drevna atrakcija za turiste, ali ko kaže da je moja žrtva morala biti stanovnik ovog grada? Kupih kartu u prizemlju i popeh se zajedno s ostalim turistima (punim oduševljenja zbog ove posete, dobro sam ih osmotrio jednog po jednog dok se grupica formirala) uza stepenice sa crnim zidovima. Devojka koja nas je predvodila otvori vrata kupole na krovu i mi uđosmo u jednu malu prostoriju s isto tako crnim zidovima i sa crvenim osvetljenjem koje je ostalo upaljeno sve do pojavljivanja slike; zbijeni, bilo nas je ne više od dvanaestak, stajali smo oko nečega nalik bunaru, jedne gipsaste i bele površine konkavnog oblika kako bi mogla da odrazi sliku uhvaćenu periskopom u obliku ogledala smeštenim na krovu, sliku koja se slivala kroz cevasta sočiva kao kroz dimnjak od kamina. Devojka je jednom rukom držala šipku koja se spuštala sa tavanice okrećući ogledalo prema ovom ili onom delu grada. Pre nego što će ugasiti svetlo ispričala je istorijat Kamere Opskure izgrađene pre više od jednog veka, i mi se pripremismo na mrak. Po onome kako smo bili raspoređeni, i po tišini koja je zavladala, sve je ovo pre ličilo na neku spiritističku seansu.

Vrteći šipku devojka nam prikaza Kolton Hil sa lažnim Partenonom i Nelzonovim svetionikom, automobile na raskrsnicama, crnce na autobuskim stanicama, ponekog prolaznika. A onda učini nešto neverovatno: hitro prisloni parčence belog papira na površinu slike, pratila je jednog pešaka u prvom planu, a onda podižući papir odvoji ga od pločnika. Skloni ga u stranu. Odmah naravno usledi objašnjenje, budući da je slika silazila odozgo, reče, sa papirićem je mogla da je uhvati pre nego što dospe do površine bunara. Meni se pak učini da ima nečeg okrutnog i tajanstvenog u tom privremenom posedovanju jedne osobe a da ona toga nije ni svesna. Turisti su se kikotali u mraku, devojka podiže jednu postariju gospođu na biciklu a potom je nanovo spusti, jedan autobus pun ljudi, jedan par koji je ruku pod ruku šetao Haj Stritom. Sočiva mora da su donekle uveličavala sliku, jer je sve izgledalo nekako blizu i nadohvat ruke. Potom odabra jednog mladića, ili nekoga ko je meni, s leđa, ličio na mladića svetle kose; koračao je s rukama u džepovima, a kada ga ona podiže s pešačkog prelaza na kojem se zatekao, mladić iznenada zastade, kao da je ranjen ili kao da ga je neko pozvao, okrete se, i pošto se osvrnuo oko sebe podiže oči i upilji se u nas. Osetih kako mi jeza struji niz kičmu, ili ne baš jeza, pre neka nezadrživa napetost praćena mučninom; ono što sam uspeo da savladam bio je mukli krkljaj koji mi pojuri u grlo, ali ne i drhtavicu u koju se to uzbuđenje izli.

Papirić je ponovo bio dole i tek tada mladić nastavi da hoda, izlazeći iz slike u pravcu Lonmarketa. Ali tada nestade i same slike, preplavljene svetlošću koja obasja Kameru Opskuru u momentu kada sam otvorio vrata i stuštio se niz stepenice, na veliko iznenađenje turista. U trenu se nađoh na ulici a samo tren kasnije, presekavši Lonmarket, uspeo sam da jednim pogledom obuhvatim i mladića na stanici i autobus koji je nailazio s leva.

Potrčah što sam brže mogao i uskočih u autobus koji je već bio u pokretu. Odmah sam osmotrio putnike, ali mladića nije bilo. Popeh se uz stepenice, ne skroz, tek koliko je bilo dovoljno da provirim na gornji nivo. Bio je tamo, spokojno je sedeo, videla mu se samo plava kosa. Vratih se dole, mogao sam ovde da ga čekam i prikupljam snagu, na svakoj stanici pojavile bi se stope putnika na stepenicama, kad budem ugledao njegove poći ću za njim. Autobus je prošao Kenongejt, zaobišao Holirud Park, stari ugašeni vulkan koji se onako goletan dizao u srcu grada, produžio prema istoku prolazeći ulicama udaljenim od centra, ulicama koje nisam poznavao, stigavši napokon do luke. Bio sam očajan što je reč o tako mladoj osobi, ali nisam nimalo sumnjao da je upravo on moja žrtva, iako nisam bio kadar da objasnim zašto. I upravo ta neobjašnjiva izvesnost me je užasavala i bacala u euforiju.

Siđosmo na stanici u blizini dokova i hodajući na prikladnom odstojanju uputismo se uzbrdo jednom kratkom ulicom, iznad same luke, na čijem se početku nalazilo staro skladište pomorske opreme, a nadalje su se kočoperno nizale vile. Videh ga kako ulazi u jednu od vila, neugledniju od ostalih, posve utonuo u svoju ravnodušnost ili u svoje misli. Ulica je bila mirna, bez prodavnica, sa tek pokojim parkiranim automobilom. Pređoh na suprotnu stranu, nastavih da hodam prošavši njegovu kuću, sve do vrha uzbrdice odakle se videla luka, brodovi i more. U izvesnom smislu sam bio siguran da živi sam, pa ipak nisam smeo da rizikujem da mi vrata otvori recimo njegova verenica, neki od roditelja ili sustanar.

Nije lako nekog ubiti, čak ni kada imaš podsticaj koji te snažno gura, pa i ako ti je žrtva tu nadohvat ruke, i to upravo tvoja žrtva, ona za kojom si žudeo i koju ti je slučaj namestio, zatvorena u svojoj kući, u jednoj mirnoj ulici, gde je vreme izgubilo svaki značaj, a neko prijatno brujanje iz dubine, brujanje i miris vetra koji dopire s mora, obavija svako delanje. Imao sam neki čudan osećaj potpunog posedovanja, i nanovo, od uzbuđenja, počeh da drhtim. Kako odoleti toj sili koja me je potresala i vukla me da smesta uđem u kuću, bez i trunke opreza, nesmotreno, poput vetra koji otvara prozor, bez lukavstava ni pre ni posle čina, i kako bi prinuda, ovako razorna prinuda, mogla da uvaži postepenost, da prihvati strpljivost fikcije, očuva prisebnost, odglumi ulogu (uostalom koju?), pozvoniti i reći oprostite, pogrešio sam adresu, i istovremeno staviti nogu u vrata i dohvatiti ga za vrat, ili ravnodušno izgovoriti znate, pre mnogo godina stanovao sam u ovoj kući, voleo bih da je vidim, shvatate, muči me nostalgija, ali ne bih želeo da vas uznemiravam, i uto osvajati predvorje korak po korak, i sve sam manje imao strpljenja da čekam ovde napolju, da osmatram, nagađam, šunjam se po ulici i oko male vile okružene glupavim plavičastim cvećem, da razrađujem poteze, njegove, moje, da planiram bekstvo. Upravo u tom trenu setih se melodije. Ne, nisam je se setio, potražio sam je, znao sam kako da muziku prizovem iz sećanja, kako da izdam naređenje muzičkom pamćenju kao što se naređuje kakvom mišiću ili nervu, pokreni se, i melodija se pokrenu, moja sadašnja melodija, obratih joj se kao što bih se obratio nekom ko mi je nadređen, zaiskavši od nje ironiju, jer je u izvesnom smislu u toj melodiji bilo ironije, ironije zbog koje sam na početku i pomislio da je reč o kakvoj banalnoj pesmici, ne slučujući njenu ubitačnu dubinu čiji je rezultat sada bio preda mnom oličen u jednoj kući u kojoj se nalazila jedna žrtva hiljadama kilometara daleko od moje zemlje i od mene, i budući da sam čak dovde stigao, sada, bila mi je potrebna, ona i njena ironija, jer je samo ironija mogla uneti kakav-takav red u ono što sam smerao da učinim.

I zaista, sledeći u sebi ironičnu nit moje melodije, nekako se pribrah i počeh da pravim planove, ali je svaki plan već na samom početku patio od jednog dovoljno groteksnog i nepremostivog nedostatka: nisam imao oružje. Znao sam da je prvo trebalo pribaviti oružje. I šta ću sad? Naravno da nisam mogao da zaređam po obližnjim prodavnicama u potrazi za kuhinjskim nožem, a izlog s onim tako predivnim pištoljima bio je takođe i tako daleko, dok bih se ja vratio u centar da kupim pištolj mladić bi možda već izašao iz kuće, a meni se međutim žurilo da ubijem. I tako, odbacivši pitanje oružja, usredsredih se na trajanje i redosled događaja, prvo ću uraditi ovo a potom ono, reći ću ovo a on će odgovoriti ono, i onda ću ja a onda će on, i potom ću ja a potom će on, i na kraju ću ja... Međutim, svaki plan se završavao nepobitnom činjenicom: da, a oružje? Ne znam koliko sam vremena tako proveo, verovatno sate, jer su se jačina svetlosti i položaj senki nekoliko puta promenili, čak se i odsjaj sunčevih zraka na morskoj površini izdužio u stranu, a i samo more sa brodovima i lukom počelo je da se diže, daleko iznad nivoa neke očekivane plime, kao da se more penjalo prema kući ili je kuća klizila s uzvišice ka vodi. Kada je sunce u zalasku okrznulo sve stvari, kada mi se učinilo da i pored poslovične uzdržanosti stanovnika Ujedinjenog Kraljevstva moje tako dugotrajno prebivanje na jednoj pustoj ulici nije moglo proći nezapaženo, kada shvatih da čak i moj najuspeliji plan u sebi sadrži očevidnu grešku, kada mi postade sasvim jasno da ono za šta sam se s velikim naporom pripremao nije iziskivalo nikakvu pripremu, siđoh niz ulicu, usredsređen jedino na svoj nesiguran i pomalo krut korak na nizbrdici.

Prođoh kroz baštu vile i pozvonih. Nisam disao, nisam gutao pljuvačku, nisam mislio ni na šta, naprotiv, kao što se katkad dešava pri velikoj napetosti morao sam da ispraznim glavu te se iznenadih kada mladić otvori vrata i upilji se u mene.

„A, vi ste. Napokon", reče.

Ko ja?, htedoh da upitam, ali on se već bio okrenuo ostavivši vrata otvorena i mene paralisanog na pragu, te mi iz sobe doviknu: „Uđite". Ko zna koga je očekivao, mogućnost da uspešno odglumim nekog drugog bila mi je nadohvat ruke, vodoinstalatera? lekara? agenta osiguravajućeg društva? bilo je dovoljno samo da pogodim zanimanje i stekao bih vremensku prednost koja mi je bila potrebna.

Zatvorih vrata i uđoh u neku vrstu dnevnog boravka koji je izgleda obuhvatao čitavo prizemlje kuće, posvuda je vladao tako savršen nered da se doživljavao gotovo fizički, gotovo kao bol.

„Nema mira s ovim ribama – reče mladić iz dubine prostorije – svaka hoće da jede ono što voli, znate, ima onih koje jedu samo povrće i onih koje neće ništa drugo osim mesa, neke jedu sve, druge traže samo otpatke sa dna, neke jedu samo u određeno vreme a neke izlaze na površinu i noću i danju otvorenih usta i vi treba istog časa da se tu stvorite i ubacite im vlakance artemije ili dafnije ili ponekog rakčića, zatim ima onih koje iznenada nešto spopadne te prestanu da jedu, jednog jutra ih samo zateknete mrtve, ili ih čak i ne zateknete jer su ih druge ribe već pojele, zavisi od društva u akvarijumu".

Mladić je govorio preko ramena, uzimajući nešto iz različitih činijica ili iz zamotuljaka od staniola, mrvice koje bi pokupio s dva prsta i sipao sa visine u akvarijume; akvarijuma je, zapazih, bilo bezbroj, malih i velikih, sa puno riba ili samo sa po jednom ribom, svetleće staklene kutije razbacane svuda po salonu, nazidane jedna preko druge bez nekog jasnog kriterijuma, usred gusto isprepletanih električnih kablova nalik na alge, koji su sprovodili struju na sve strane.

„Ali zašto stojite?" reče mladić pogledavši me preko ramena.

„Samo trenutak, molim vas – odgovorih ne može biti iskrenije. Možda je očekivao veterinara ili nekog dobavljača koji se starao o potrebama ovog ambijenta u kojem je vladao potpuni mrak i gde su nagomilani akvarijumi ličili na svetleće slike, eto na šta je ovo ličilo, na zbirku slika, jednu od onih zbirki koje su u minulim vremenima bile u celosti dočarane na slikarskim platnima, ali ova se sastojala od podvodnih pejzaža, jedino su se ribe razlikovale po obliku i boji, i dekor, ponegde samo pesak i šljunak, drugde kamenje i rastinje s morskog dna.

„A onda – nastavi mladić – svakoj treba posebna temperatura, taman posla da tropske ribe držite na ispod dvadeset stepeni, dok ribe iz hladnih mora na toj toploti načisto polude, čak se i o vodi mora voditi računa, to nije nimalo jednostavno, znate, toliko soli, toliko kiseline, toliko bakterija, i to u različitim razmerama za svaku, jer svaka ima svoje potrebe". Zgužvao je prazan staniol, bacio ga na pod i krenuo ka meni. Imao je visoko i blizu smeštene oči i tanak nos. „Uopšte mi nije jasno zašto stojite", reče.

U tom trenutku trebalo je da pogledam ribe i ja ih pogledah, naročito jednu veliku i neodlučnu, s belim pegama na stomaku i žutim prstenom oko usta, poput kakvog crnačkog pevača iz stripa. Odabrah nju kao predstavnika svih ostalih jer ih je bilo suviše, tanušne siluete što se prelivaju, žute ili ljubičaste ili pegave, i koje plivaju elegantno porinjujući u lažne morske ambise napravljene samo za njih poput scenografija za pokretne slike. Riba crnački pevač zevala je gotovo dodirujući staklo, ponadah se da ću na njenim ustima pročitati neku za mene suštinsku poruku, koga je dečak očekivao, ali riba pevač izgubi interesovanje i, još jedared zevnuvši, udalji se odatle.

Svo to talasanje providnih peraja na onim raznobojnim prozorima imalo je hipnotičko dejstvo i moje misli po drugi put odlutaše, ili tačnije usredsrediše se na nešto drugo, to jest da li su ribe iz akvarijuma, ribe koje su tu rođene, mogle da pretpostave da postoje beskrajna morska i rečna prostranstva ili su zaista mislile da je univerzum jedan providni paralelopiped sa nepremostivim zidovima iza kojih se nazire neka čudnovata rasplinuta slika. Ko zna kakvu su lažnu predstavu o kosmogoniji imale one ribe koje su se bavile tim pitanjem. Osećao sam mladićevo prisustvo iza leđa dok se u sobi čulo samo zujanje hidrauličnih pumpi koje su ubacivale vodu u akvarijume, ali ne samo zujanje, čula se i muzika, tek tada sam to primetio, tihi zvuci koji su dopirali iz nekog dela prostorije.

„Njima je sada noć, – reče mladić. – Duboka noć. Njihov dan se razlikuje od našeg, eto zašto su navučene zavese. Treba im pomoći, zar ne mislite?"

„Da, naravno, – odgovorih. – Da li spavaju i jedu istovremeno?"

„Ne, neke spavaju a neke jedu". Mladić pobroja one koje su u tom trenutku obavljale jednu ili drugu radnju, nazivajući ih njihovim latinskim imenima (što je s obzirom na njegov engleski izgovor zvučalo dosta čudno); što se tiče riba koje su jele jasno se videlo da jedu, ali ribe koje su spavale kretale su se, ponekad i u trzajima, te upitah kako je to moguće.

„Te ribe su bolesne, ovaj akvarijum je karantin. Vidite li kako su im boje prejake? Da li vam ove narandžaste pruge deluju normalno?" Pokaza na jednu eliptičnu ribu, pomalo spljoštenu na bokovima, maslinastozelenu sa jarkim prugama, reče da je to riba koja često menja boju u zavisnosti od raspoloženja, pruge su uglavnom varirale od žute do narandžaste, vremenom je uspeo da otkrije značenje svake nijanse, postojala je nijansa zadovoljne ribe, nijansa umorne ribe, nijansa žalosne ribe, nijansa uvređene ribe (upravo je tako rekao 'uvređene ribe'), a zatim i nijansa bolesne ribe. „Što je boja intenzivnija to je riba bolesnija", zaključi.

Stajali smo jedan kraj drugog ispred akvarijuma, okrenuh glavu i prvi put dobro osmotrih mladića: bilo je nečeg praktičnog u njegovom izgledu, nečeg smušenog i surovog. A ako sam se prevario? Ne, ne, nisam se prevario, mada to ni na koji način nisam mogao da objasnim i mada je moje malopređašnje uzbuđenje ustupilo mesto nekoj čudnovatoj malaksalosti, nekoj unutrašnjoj lenjosti. Čak se više nisam ni pitao koga je mladić očekivao, kroz nekoliko trenutaka ću to od njega lično saznati; dakle kazaću ovo mora da je nesporazum, čestitam vam na ribama, nikada ih nisam video u tolikom broju i tako lepe, doviđenja i otići ću. Da, u trenutku poverovah da ću to i učiniti, užasnut pri pomisli kako će nakon toga izgledati moje noći, već izjedan grižom savesti što izneveravam ono što sam morao da učinim, ali spreman da odustanem, u nastupu nekog iznenadnog suglasja s mladićevom opsesijom; u trenutku tako pomislih, ali upravo tada zasvira melodija. Gde zasvira? U mojoj glavi, rekao bih, i sama pomisao na nju uzburka mi krv, evo moje melodije koju više ne mogu da obuzdam, tu je i kad je ne slušam, dolazi nepozvana, donosi taj strašni čin, štaviše čupa ga iz utrobe i usisava u ruke, ovo je to mesto, ovo je ta osoba. Odstupih par koraka kao da sam mogao da se udaljim, međutim melodija postade još bliža, još jača, zapljusnu me otpozadi. Bila je iza mene. Bila je izvan mene.

Dopirala je, moja melodija, iz uređaja prekrivenog gomilom požutelih brojeva mesečnika *Happy fish,* fotokopijama tabela sa ishranom, reklamnim lecima, neotvorenim pismima i katalozima minerala za lažne morske pejzaže. Kleknuh i približih uvo mrežici zvučnika: melodija se polako gubila, završavala se, bila je veoma tiha, ali to je bila ona. Kad zaprepašteno digoh pogled ka njemu, mladić je stajao s rukama u džepovima i zadovoljno se smeškao. „Moja melodija!" povikah.

„Moja, hoćete da kažete!" Pođe preko gomile razbacanih papira, s licem u tami prošaranoj raznobojnom fosforescentnom svetlošću akvarijuma. „Pretpostavljam da vam se dopada, budući da ste čak ovamo došli. Trebalo je ranije da mi kažete. Dođite, pokazaću vam."

Digoh se i pođoh za njim prema jednom još mračnijem kutku sobe, on razmače zavesu iza koje se nalazila neka vrsta komore bez prozora. „To je muzika koju ja pišem, – reče. – Pišem je za ribe. Nisam muzičar. Ne umem čak ni note da čitam, uzimam delove već napisanih melodija, uzimam ih odavde-odande, iz najrazličitijih melodija, prekrajam ih, kalemim kao što se kaleme biljke, ukrštam ih kao što se ukrštaju psi, mešam ih, okrećem ih i obrćem, a kada odavde izađu nemaju više ničeg zajedničkog s originalom, sada su to neke sasvim drugačije melodije, moje melodije."

Mladić pokaza svoje uređaje, pozivajući me da pridržim zavesu; unutra su se nalazili pojačala i sintisajzeri poređani na polici prekrivenoj zelenom čojom po kojoj su bile rasute mrvice hleba, isti onaj nered i proizvoljnost kao kod akvarijuma, isto gusto isprepletani električni kablovi, preko naslona jedne fotelje visile su slušalice, njihov gajtan je uvrćući se vodio do uspravnog magnetofona sa dva ogromna koluta trake. Ponovo me pogleda s onim svojim ozbiljnim i zadovoljnim izrazom: „Na početku sam pisao muziku samo za ribe, onda sam dobio ideju da je pustim u etar. *Blind transmission*, to je kad ne znaš ko te sluša ni da li te iko uopšte sluša. Nemate pojma koliko ljudi razgovara preko radija u toku noći, razgovaraju iz jedne zemlje u drugu, sa dva kraja sveta, pozivaju se iako se ne poznaju, „Besani pastir. Ovde besani pastir. Ima li koga?", a ako neko odgovori, sa nekog dalekog kontinenta, prinuđeni da zaključuju o onom drugom samo preko glasa, pričaju o svojim problemima, i kako me moja žena dovodi do ludila, i kako bih voleo da vidim Australiju koju nikada nisam video, i kakva je tvoja kuća, i da znaš da sam razmišljao da sve ostavim i jednostavno nestanem. Razgovaraju s jednom prisnošću koje obično nema u razgovoru s neznancem i koju ne bi ni imali kad bi se našli oči u oči. Mene sva ta naklapanja ne zanimaju, bolje je emitovati muziku, muziku u etar, *blind music*, danju se bavim ribama, noću uključujem odašiljač i ne izgovaram ni reč, puštam svoje trake i gledam ih kako se vrte, uvek ima nekoga ko me sluša, u suštini se uvek radi o odgovornosti i hrani, danju dajem hranu ribama a noću dajem muziku, niko ne može da mi odgovori, ni ribe ni radio-amateri, ali svaki čas neko dođe čak ovamo. Poput vas".

Brzo sam se pribrao od šoka, ili barem nisam hteo da dopustim da me nadvladaju emocije, osetih samo beskrajnu tugu, ko zna kako je zamišljao da sam došao 'čak ovamo', možda svi dolaze na isti način, ko zna koga je očekivao, ili je možda očekivao baš mene, ali šta god da me je dovelo 'čak ovamo', u njemu ili u meni postojala je neka suviše jaka boja, ili on ili ja smo posedovali suviše jarku narandžastu poput pruga na livreji ribe, ili on ili ja, pomislih jasno, dobro znajući da nikada više neću imati snage da to dokučim.

Na onaj svoj praktičan način, ili tačnije na način koji je odražavao praktičnu stranu njegove smušene surovosti, mladić ode do magnetofona ostavivši me da pridržavam zavesu komore; pustio je traku, okrenuo se i rekao: „Je l' ova?"

Iza mojih leđa, iz zvučnika među akvarijumima doprla je jedna hromatska melodija, tegobna i jalova, ili mi se barem takvom učinila. „Ne, nije ta", odgovorih. On je premotavao traku unapred i unazad pri tom ne isključujući ton, svaka melodija na koju bi naišao je pri toj brzini zvučala kao podloga za nemi film, uređaj ju je usitnjavao svodeći je na kosturoliki dečiji crtež, drobio je tu razgolićenu muziku, nekoliko piskavih titraja od visokih do niskih tonova i od niskih do visokih, praćaknuše se dve arabeske, i to beše sve. Nekoliko puta je zaustavio premotavanje, puštajući normalnom brzinom ono što sam tada već mogao da nazovem 'mladićevom muzikom', budući da je čak i tako nasumice odabrana odražavala njegov karakter, a ako bih hteo da budem nepristrasan morao bih priznati da i nije bila tako loša.

Napokon se oglasi i ona moja. Izronila je iz tišine u trenutku kada je sasvim slučajno zaustavio premotavanje. Ispustih zavesu iz ruke i polako priđoh zvučniku u salonu. Bilo je to prvi put da je slušam od početka. Imala je svoj uvod (ko zna odakle ga je preuzeo i kako ga je izmenio), pa otvaranje u kojem su se figure razmeštale po tabli i najavljivala se igra, zatim jedan kosi pasaž što se propinjao sve do teme – ja sam je znao odatle – koja se ponavljala u spiralama, sve širim i širim, da bi se potom zavukla u vrtoglavu lavinu tonova koja je oburvavši se do sopstvenog dna ponovo uzletala u visinu. Bilo je momenata kada je melodija stremila ka spolja, i oaza zaborava u koje si se naprotiv mogao zavući, i tada je njena napetost polako jenjavala, mogao si je, tu melodiju, saviti palčevima kao meki metal. Ako sam je u tom trenu tako doživeo bilo je to zato što više nisam bio kadar da je čujem. Ono što je morala da učini učinila je, sve ono što je morala u meni da otvori otvorila je, ono što je trebalo da iz mene izvuče izvukla je. Ako sam je tako pojmio, kao kakvu tečnost koja je krčila sebi put kroz spojene sudove, retorte, spirale, filtere, cevi od kristala uzlazne i silazne, slepe bočne prolaze i prekinute pasaže, na najužim mestima povećavajući brzinu kao svaka tečna materija a na onim širim se taložeći, to je bilo zato što je ta melodija prestala do mene da dopire, a to se najverovatnije zbilo upravo u onom trenu kada me je ostavila pred vratima mladićeve kuće.

Obreh se uznemiren u tišini, s jednom napetošću koja je ostala bez oslonca.

„Dakle to je ta", reče on izlazeći iz komore. „Nije loša – dodade kao za sebe – uopšte nije loša". Protrlja rukama o džemper: „Ako želite da je imate mogu da vam je presnimim. Neće vas ništa koštati, uostalom ja muziku ne pišem za pare. Samo, ako smem da primetim, ne shvatam zašto vam se baš ta dopala. Tako je glupava! To je obična igrarija, šala, napisao sam je u nastupu euforije, skoro nesvesno. Zar vi nikada ne padate u euforiju? Znate, pod normalnim okolnostima sa muzikom je isto kao i sa ribama, potrebno je puno strpljenja i odgovornosti, ali s ovom je išlo tako lako, napisala se gotovo sama od sebe. Bilo je zabavno. Eto, iskreno rečeno, napisao sam je iz puke zabave."

Ne znam šta me obuze, samo znam da me istog časa obuze, ličilo je na napad povraćanja, na iznenadnu erupciju, na neprikosnovenu naredbu tela koje je preuzelo komandu uklanjajući me sa scene, a zajedno sa mnom i moju sposobnost savlađivanja. Poslednje što sam iz moje perspektive uspeo da pomislim bilo je „hvatam ga za vrat" ali ja više nisam postojao, postojale su samo ove ruke oko mladićevog vrata, i palčevi koji su tražili i intuitivno pronalazili najosetljivije tačke kao da ništa drugo u životu nisu radili, potpomognuti zamahom kojim sam se bacio na njega. Udario je glavom o jedan od akvarijuma, nimalo iznenađen, trpeljivo i gotovo podrugljivo. Na onaj svoj smušen način, ili tačnije, na način koji je odražavao onu smušenu stranu njegove surove praktičnosti, stade i rukama i nogama da udara oko sebe. Nađoh se obraza priljubljenog uz akvarijume, uvrtao mi je desnu ruku iza leđa, prikleštivši me kolenom, pribijao mi je lice uz staklo povlačeći ga od jednog akvarijuma do drugog, natenane, snažno upirući i na sastavima. Imao sam dovoljno vremena da pročitam rukom ispisane natpise, šta je drugo moglo da mi zaokupi pažnju u tom momentu?, čitao sam i sricao imena: *Gambusia affinis, Carrasius auratus, Betta splendens, Astronotus ocellatus, Scatophagus Argus, Teatrodon fluviatilis,* to nemušto čitanje ispunjavalo je tišinu; potom mi isti taj rukopis ponudi i ostala imena: *Balistes Bursa, Caran speciosus, Seranus scriba, Tetrosomus gibbosus.* Dotične ribe nisam sve uspeo da razaznam, jer mi je mladić pritiskao lice u podnožju akvarijuma, a ribe koje su se spuštale do dna da vide šta se zbiva nisu u tome nalazile ništa neobično i ponovo su se uspinjale gore, samo se jedna od njih nešto duže zadržala, prišla je sasvim blizu te se nađosmo obraz uz obraz, riba i ja, razdvajalo nas je samo staklo.

Kada mi se učinilo da sam iskazao poštovanje sasvim dovoljnom broju vrsta, prikupih svu snagu, zabacih desni lakat unazad kao strelu, i ovog puta mladić urliknu. Pođe mi za rukom da se izmigoljim i krenem u frontalni napad, da bih se istog časa ponovo našao priljubljen uz akvarijume, ali sada leđima. Sve poče da se ljulja i najednom spoznah neku užasnu krhkost, ne svoju već krhkost zidova tih staklenih kutija ispunjenih vodom, te kada je na mene bio red da o njih udarim trudio sam se da taj udar ublažim leđima, ali kada bih ja na njih gurnuo mladića nije mi polazilo za rukom da ga zadržim. Nakon jednog od tih udara ugledah tanak crveni mlaz iza njegovog potiljka kako curi niz staklo, s jednom iznenađenom žutom ribicom u pozadini, to iskoristih da ga ponovo ščepam za vrat, ali učini mi se da se mladić previše zateturao unazad, da nešto u njemu ili iza njegovih leđa nije izdržalo, razabrah neki preteći i titrav bljesak u visini, i odmah zatim, ne znam kojim redom, voda i pesak, zaglušujuća lomljava, njegov glas koji urla i veoma snažan udarac po glavi. Odmah nakon toga, mrak.

Ko zna koliko je taj mrak trajao, ali sasvim je izvesno da je bio isto toliko naporan: pobacati u more ostale putnike jednog po jednog, potopiti brod i spasiti se samo stoga što sam prvi uspeo da ih gurnem. Pobeći, ili učiniti nešto da me ne prepoznaju ljudi s obale koji su već počeli da sumnjaju da se radilo baš o brodolomu. A nakon toga odneti kovčeg s mojim ocem do male zaravni obrasle drvećem ispred crkve, i upitati grobara da li ima mesta. Podići pogled prema krošnjama, proveriti da li su lepe, više u smislu rasporeda nego senke. Krošnje su bile u redu, ali upitavši ponovo da li ima mesta dobih odgovor da nema. Da li sam već izneo kovčeg iz kola? Ili sam samo otvorio vrata? Kad bolje razmislim, posle toliko godina kovčeg je morao biti sasvim nagrižen i vlažan – zaista je i bio – mogao se svakog časa raspasti ostajući bez svoje sadržine. Ponovo ga odneti tamo odakle sam ga uzeo – namera mi je bila, razmišljao sam pri polasku, da ga smestim tamo gde bi meni bilo bliže a njemu prijatnije, – shvatiti da njegovo boravište u suštini i nije naročito lepo (a ja koji sam tako brižljivo tražio, koji sam tako marljivo pregledao krošnje i drveće tog novog mesta!), a pre svega groblje nije bilo ono gde je uistinu sahranjen moj otac. Objasniti u jednom pismu majci to što sam učinio, primiti njeno pismo u kojem mi je obrazlagala da pošto sam izmestio mrtvački kovčeg ne smem više da uđem u grad na istu kapiju – verovatno onu kapiju kroz koju sam makar jednom prošao s kovčegom. To je zvučalo kao sujeverje ili opomena koja se morala poštovati.

Probudih se u nedoumici kojim onda putem da se vratim, ali nije bilo nikakve kapije, u sobi je vladao potpuni mrak, jedino je sa ulice probijajući se kroz zavese dopirala bleda svetlost na kojoj su svetlucali bezbrojni parčići stakla rasuti po zemlji, svuda oko mene. Mora da je voda iz akvarijuma doprla do cevi, izazvavši kratak spoj, nije se više čulo ni zujanje pumpi. Okrenuh se na bok: bilo je mrtvih riba na zemlji i drugih živih ali nepokretnih u akvarijumima koji su ostali čitavi, sada su to nesumnjivo bile 'uvređene' ribe, prema klasifikaciji njihovih raspoloženja koju je uspostavio mladić. Mladić je bio mrtav, nesumnjivo mrtav, nijedan živi stvor ne bi mogao da leži u tom položaju, nauznak sa prekrštenim nogama zabačenim unazad. Dopuzah do njega da bih se u to uverio: usta su mu bila otvorena kao da hvata vazduh, poput mrtvih riba oko njega, lice naduveno. Da li sam ga to ja zadavio, časak pre nego što su se akvarijumi stropoštali? Sigurno je tako, bez svake sumnje, na kraju sam ga zadavio.

Bolela me je glava, pridigavši se potražih povredu koja je morala postojati ali je ne nađoh, nisam čak ni krvario; u svim mišićima osećao sam blag ali postojan bol, kao posle automobilske nesreće; drhtao sam, osim toga, jer mi je odeća još uvek bila natopljena vodom iz akvarijuma. Ali nakon detaljne provere ispostavilo se da sam bio samo ugruvan, i ta usredsređenost na telo potisla je svaku drugu misao. Izuh cipele kako ne bih ostavio tragove na vlažnom tepihu, i sa cipelama u ruci uputih se ka vratima, ne kao ubica koji beži sa mesta zločina već kao muž koji se vraća kući u pola noći. Kada stigoh do vrata obrisah kvaku maramicom jer je to po mom sećanju bila jedina stvar osim mladićevog vrata koju sam dotakao u toku svog boravka u kući. Odmaknuh zavesu na prozoru do ulaznih vrata i pogledah napolje: svitalo je. Okrenuh se ka sobi, ka gospodaru riba i muzike koji je tamo ležao, mladi faraon sahranjen zajedno sa svojim igračkama. Potom preko maramice pritisnuh kvaku i izađoh na ulicu.

Magla je bila tako gusta da se nije videla ni luka, a kamoli brodovi i more. Padala je neka sitna kiša, magla zgusnuta u kapljice, a svaki moj korak bio je samo korak više između mene i svega onog što se dogodilo, svakim korakom sam sve više izranjao iz mraka a zajedno sa mnom i vile i ulice u tom sivilu zore, kod svakog ugla za koji bih zašao zatvarao sam iza sebe po jedna vrata, skrenuo bih u prvu ulicu desno pa u prvu levo kako bih raspršio prethodne sate, nije bilo važno kuda idem, hodao sam samo zato da bih se udaljio, njušeći prijatan miris oktobra, vlage, nafte i paljevine. Očekivao sam da se javi osećaj krivice, osećaj izopštenosti iz ljudske zajednice i njenog neizmernog zdravlja i normalnosti i dobrote, želja za okajanjem greha, zavist prema raznosaču mleka koji je istovarivao kutije sa flašama mleka iz kombija ispred još uvek zatvorene radnje ili prema čistačima ulica koji su skupljali kese sa đubretom ispred usnulih kuća. Očekivao sam tako nešto, ali uzalud. Ništa od svega toga nisam osetio. Ali osetio sam, poput mehurića koji se dižu sa morskog dna, neku čudnu prijatnost i blagu euforiju. Potražio sam neki izlog po strani i proverio svoj izgled pre nego što ću ući u jedan pab i naručiti obilan doručak koji se sastojao od jaja, pržene slanine, prepečenog hleba i soka od pomorandže. Nešto kasnije u hotelu pravio sam se da ne primećujem portirovo začuđeno lice. Uzeo sam svoj ključ i popeo se u sobu. Položio sam mokru odeću na stolicu pored radijatora, dugo sam se tuširao, uvijen u peškir seo sam u prozor u niši. Ulica Aberkrombi je već vrvela od automobila i pešaka, naroda koji je žurio na posao. Ja sam svoj posao za taj dan odradio, tu noćnu smenu kojom svakako ni pred kim nisam mogao da se pohvalim, tu neobičnu i napornu noćnu smenu. Otišao sam do telefona, nazvao portira, raspitao se za popodnevne vozove za London a potom Italiju, zapisao red vožnje, odlučio da putujem onim u šest.

Što se tiče muzike, one koja više nije bila moja muzika, nije mi više trebala. Uključio sam kasetofon, premotao traku na početak; nasumice sam odabrao stanicu sa nekom meni nepoznatom muzikom i pustio da je uređaj snimi, obrisavši sve ono što je prethodno bilo na traci.

U krevetu, ovoga puta pod pokrivačem i pri dodiru sa čaršavima, napetost tela je popustila. Sa radija su dopirali zvuci svinga i starih francuskih šansona, muzika moga detinjstva (šta će ona u Škotskoj? ali uostalom, šta ću ja u Škotskoj?), sećao sam se tih pesama, ali se više nisam sećao u čemu su mi tada pomogle, niti koje su radnje – nevine ili izopačene dečije radnje – izvukle u svest. S dubokom tugom pomislih na gospodara riba, ali ta tuga je bila namenjena samo njemu, kao da ja ni na koji način nisam učestvovao u njegovoj smrti. Tuga i uvažavanje, poslednja pošta palom saborcu, i s tim osećanjem utonuh u san, moćan i čvrst san, bez pukotina i košmara, prvi miran san nakon dugo dugo vremena.

Poslednjih pet minuta na jednoj stanici, ukoliko ste tako kasno stigli, iznenađujuće su dugi i sadržajni. U njih stanu i karta, i stepenice, i peron, možda čak i kafa, a ni voz više nije tako daleko. Imao sam dovoljno vremena, stigavši na Vejverli Stejšn, da izaberem kupe u kojem je sedela samo jedna gospođa srednjih godina, da podignem prtljag na mrežicu, da sednem i da mi se već čini da sam krenuo. Kad jednom uđete u voz, čak i ako se on još nije ni pokrenuo, već ste daleko, već ste na svom odredištu, mašta jurca kroz predele, ulazi u tunele, sledi tok reke, vuče za sobom voz koji je s teškom mukom prati, eto zašto vozovi uvek kasne.

I ja sam već jurio a voz me je pratio, obojica u pokretu i punoj brzini, kad se vrata kupea naglo otvoriše i ubrzo nakon toga zatvoriše. Nisam obraćao pažnju na osobu koja je ušla, na njeno vrzmanje i buku koju je stvarala, sve dok se te tri stvari ne pretvoriše u jedno glomazno fizičko prisustvo koje se s uzdahom stropoštalo na sedište preko puta mene; sve dok se to prisustvo – uzdah, masa i radoznali pogled koji je iz njega izbijao – nije otelovilo u neporecivoj pojavi stručnjaka za prašinu.

„Kakva sreća što vas opet vidim!" reče.

Zurio sam u njega nekoliko trenutaka, ne shvatajući; ne njegove reči, čija mi je ironija bila čak odviše jasna, već ne shvatajući sasvim to što vidim.

„Šteta što mi niste telefonirali. A baš sam se nadao da hoćete. Ne možete ni da zamislite koliko su dosadni ti kongresi o prašini. Naćemo se nakon godinu dana, svi se međusobno poznajemo, ništa se u našim životima nije promenilo, sedimo tu dva dana, slušamo izveštaje i plješćemo jedni drugima. Čak ni uveče nismo u stanju da se razdvojimo, do u kasne sate pretresamo stručne teme i razmenjujemo tračeve. Zbog toga sam želeo da večeram s vama, ali vi se niste javili."

Hoću li uopšte uspeti da progovorim? Imao sam pre potrebu da ga dodirnem, da se uverim da je stvaran, i dugo mi je trebalo da se setim neke gluposti tipa „Znate kako je kad ste na odmoru, nikada nemate dovoljno vremena a dan vam prođe dok dlanom o dlan."

„Naravno, naravno. Dobro znam kako je to kad ste na odmoru", odgovori.

Od stručnjaka za prašinu osećao sam neki instinktivan strah, još od dolaska. Trudio sam se da učestvujem u razgovoru, on je želeo da zna da li sam video ovo ili ono, da li sam bio u pinakoteci u kojoj se nalazi čuvena slika klizača?, da li sam bacio pogled na Stivensonov, Skotov i Barnsov *memorial?* da li sam posetio Kenonmils, drevni avgustinski manastir? a Nelzonov svetionik? a luku, da li sam prošetao do luke, pomalo zabačene, ali toliko čudesne da se nipošto ne sme propustiti? Ja sam neprekidno odgovarao sa da, čak i za luku, video sam je rekoh nehajno. Nije postojao nijedan spomenik koji jedan turista u Edinburgu može videti a da me o njemu nije neumoljivo i natenane propitao. Sve dok stručnjak za prašinu vidno rezigniran ne sleže ramenima i s uzdahom zaključi: „Dobro!"

Otvori torbu, izvuče novine, ali nije mogao da se usredsredi na čitanje u sebi. Svaki put kada bi okrenuo stranicu pokušavao je da me uvuče u razgovor, o imućnim zemljama i onima u razvoju, o novom svetskom poretku, o budućim migracijama sa istoka na sever ili, ako više volim, sa juga na zapad. Okretao je svoj ugasli pogled čak i ka gospođi pored njega, koja je polaskana učestvovala, ali je zapravo od mene tražio potvrdu, tonom koji je govorio „zar nije tako?" ali kao da je mislio upravo suprotno, ili je možda samo želeo da mi da do znanja da ga sve to što je govorio i što sam ja odgovarao nimalo ne zanima.

Neko vreme je ćutke obrtao listove, a onda mu se pogled zadrža na dnu jedne stranice, reče: „Čudno!"

„Šta to?" upita gospođa nagnuvši se ka novinama.

„Ovaj mladić što je pronađen mrtav. Jedan ihtiolog, očito veoma mlad, stručnjak za ribe."

Osetih kako mi se krv ledi u žilama. Ko bi se setio novina? Ko bi pomislio da u Edinburgu postoji večernje izdanje? Ko bi pomislio da će ga tako brzo naći? A u stvari ja sam bio taj koji više nije ni pomislio na mladića, otkako sam ga ubio, tek kada sam se po podne probudio u hotelu premotao sam u glavi događaje od prethodne noći zaključivši da niko ne bi mogao da ih poveže sa mnom, nisam bio ni u srodstvu niti u prijateljstvu sa žrtvom, nije bilo svedoka, niti tragova, a što se tiče podsticaja, znali smo ga samo ja i mladić. Pa i sada, dok sam na brzinu iznova premotavao događaj, zadržavajući dah, proveravajući jednom pa još jednom, bio sam siguran ne samo da me ne mogu otkriti, već da je bilo dovoljno da snažno pomislim da ga nisam ubio pa da u to i poverujem, i da posve nezainteresovano nastavim da učestvujem u razgovoru i gospođinoj znatiželji, da ostanem mrtav hladan kada me kroz koji sekund stručnjak za prašinu bude pogledao ravno u oči i zatražio moje mišljenje. Ali on mi se ne obrati, nastavio je da diskutuje sa gospođom, pogledajući svaki čas u novine kao da se tu nalazilo kakvo skladište detalja iz kojeg je povremeno trebalo ponešto iscrpsti. Pričao je o razbijenim akvarijumima, o mrtvim ribama na zemlji, gospođa je krivila glavu u svom sivom kaputu i govorila „Ne, ne!" a on je klimao glavom „Da, da!"

U hodniku se oglasilo zvonce, dadoh znak kelneru koji je raznosio pića, on se zaustavi i otvori vrata kupea. Ustadoh i potražih u kolicima nešto alkoholno, ali nije mi polazilo za rukom da se usredsredim na flaše, na sendviče i na tegle s kikiriki buterom; zatražih pivo, čuo sam iza svojih leđa stručnjaka za prašinu koji je i dalje pričao o mrtvom mladiću, i gospođu koja mu je aminovala, ali nisam bio siguran da oboje ne gledaju u mene, i bio sam toliko napet da mi je prilikom plaćanja novac ispao iz ruku. Stručnjak za prašinu je hitro reagovao, ispružio je ruku i podigao dva penija. Potom osetih kako mi njegovi prsti dotiču gležanj; ne baš gležanj, već rub pantalona. Stajao sam, s flašom u ruci i čašom prevrnutom preko grlića flaše, stručnjak za prašinu zavuče dva prsta u manžetnu mojih pantalona i odatle izvadi funtu u metalu. Položi novčić na dlan gde su već ležali i ostali, i pruži mi ih s osmehom.

Zahvalih mu, ponovo sedoh. Otvorio sam pivo i počeo da ga ispijam. Gospođa je čekala da stručnjak za prašinu nastavi svoju priču, čak sam i ja na izvestan način to očekivao, ali on je ćutao, gledao je u nešto što mu je ostalo na prstima, jednu gužvicu dlaka koju je pažljivo trljao između palca i kažiprsta kako bi odstranio sitne kamenčiće koji su se tu zapleli, kao što istraživač prosejava zlato iz peska.

„Kakva čudna zrnca – reče. – Pravi pravcati kamenčići."

Čak se i gospođa nagnu kako bi ih bolje videla, ali stručnjak za prašinu je i ne pogleda, piljio je u mene, i to ne samo kao zakoniti vlasnik onoga što je osmatrao: „Znate da su baš čudna ova zrnca? Vidi se da ste bili na obali mora."

Zavukao je ruku u džep, nastavivši da trlja prstima, potom se vratio novinama. Držao ih je tako skupljene i blizu da čak ni gospođa do njega nije mogla ništa da vidi. Iznenada pomislih da u novinama nije ništa pisalo, pomislih da je sve ovo inscenirao, i užasnuh se od onoga što je mogao znati.

„A od čega je umro mladić?" upita žena.

„Ubijen je – odgovori stručnjak za prašinu spokojno. – A znate li ko ga je ubio?"

Značajnim pogledom prelazio je sa mene na ženu i obrnuto, kao da smo publika koja je stigla do ključnog momenta predstave, zatim dodade: „To je najčudnije od svega!"

Mrzeo sam ga, zaista sam ga mrzeo. Koliko će još dugo oklevati pre nego što izgovori: „Ubio ga je, zamislite, ubio ga je gospodin koji sedi preko puta nas", i s kakvim će spokojem, s kakvim osmehom to reći. Jedva sam se savlađivao. Izgovori već jednom, izgovori šarlatanu jedan, oseti i ti reč 'udavio' kao što je osećam ja, pomislih.

„Ubila ga je otrovna ribica."

Flaša od piva završi na podu, gospođa reče: „E baš ste šeprtlja", ja đipih na noge i viknuh: „Ma kakva otrovna ribica!"

„Ne znam, u novinama ne piše kakva – odgovori stručnjak za prašinu. – Zar vas baš toliko zanima? Ako vas baš toliko zanima možemo pokušati da saznamo". I poče da čita, čitao je na dnu strane, kako je leš bio sav modar odajući znake gušenja, na jednom obrazu pronađen je trag od ujeda, otrov je bio od onih koji čim uđu u krv deluju na pluća blokirajući disanje, za ribicu je samo pisalo da je ispala iz jednog od nareženih akvarijuma koji su se srušili na mladića, jedna tropska ribica koja je nađena mrtva pored njega, ali nije pisalo ime.

Svalih se natrag na sedište.

„Treba biti oprezan sa životinjama – reče gospođa. – Jadan dečko."

„Jedan sasvim normalan mladić, – reče stručnjak za prašinu stigavši do kraja članka. – U okolini je bio poznat kao strastveni ljubitelj riba, nije baš bio pravi ihtiolog, nije imao diplomu, nije se bavio naučnim radom, ali je nesumnjivo bio znalac. Jedan sasvim normalan mladić, osim jednog detalja."
„Kog detalja?" upita gospođa.
„Imao je apsolutan sluh – odgovori stručnjak za prašinu sklopivši novine. Pogleda u mene, ovoga puta ozbiljan: „Znate li šta je apsolutan sluh?" Malo je sačekao a onda produži: „Ne, vidi se da ne znate. To je kad neko može da čuje i intonira određenu notu a da ne mora da je izvede iz njenog odnosa s drugim notama. Neko vam traži sniženo e i vi mu ga odmah otpevate, bez razmišljanja, ili vam neko odsvira samo jednu notu i vi odmah znate koja je. To je urođeni dar. Nemaju ga čak ni dirigenti, čak ni muzičari. Onaj koji ima apsolutan sluh obično ni ne zna da ga ima, što se ovog mladića tiče, kod njega su to slučajno otkrili pre mnogo godina dok se oporavljao od neke bolesti. Pitam se čemu je služio apsolutan sluh nekome ko se bavio odgajanjem riba". Presavio je novine i odložio ih na sedište. Primetih da mu se ton promenio, u njegovom glasu više nije bilo ironije, ni prepredenosti u njegovom pogledu, štaviše izbegavao je da me pogleda. Priljubi lice uz prozor osmatrajući škotski pejzaž već gotovo sasvim utonuo u mrak, reče: „Ukoliko se radi o zločinu, ko bi mogao ubiti jednog mladića s apsolutnim sluhom, ako ne neko ko ima, kažimo, relativan sluh?"
Ponovo se okrete ka nama, prvo ka gospođi, koja sada već teško da je mogla da ga prati te je ćutala, a potom ka meni. „Ali to nije bio zločin – uzdahnu – niti se instinktivan ujed jedne male otrovne ribice može smatrati ubistvom."
Voz uđe u dugačak tunel, kada iz njega izroni mrak je bio toliko gust da se nisu više videle čak ni svetlosti kuća, u kupeu se tišina taložila poput prašine. Ja sam želeo da ubijem a ne da počinim zločin, pomislih, i u

tome sam i uspeo, iako ne svojom zaslugom. Zločin dakle nije postojao, što me je oslobađalo kazne. Ali, sa stanovišta ubistva, da li je način na koji sam doprineo mladićevoj smrti bio dovoljan? Kao čin, da li je to bilo dovoljno? Digavši glavu sretoh pogled stručnjaka za prašinu, sedeo je prekrštenih ruku kao da me je upravo tu čekao. Dugo smo se gledali.

Potom on reče: „Jašta."

„KAKVI SU SADA!"

Imam jednu ideju, pomislih izlazeći iz taksija, tako treba da počnem, došao sam kod vas jer imam jednu ideju, u stvari jednu priču, a vi ste jedina osoba koja mi može pomoći da je ostvarim, vi ste jedan od onih koji kupuju priče, radili ste to čitavog života, prodavali i kupovali priče i od toga ste, premda u drugoj oblasti, napravili porodičnu tradiciju, ne može se reći da vam se ta trgovina nije isplatila, ali ste na izvestan način doprineli i kruženju priča, a ja trenutno imam jednu na umu, kao što rekoh imam jednu ideju, jednu ideju koja ne može da vam se ne svidi.

Svi imaju neke ideje mladiću, reče G-din.*** kada sam mu u njegovoj kancelariji ponovio rečenice koje sam smislio tokom dugotrajnog putovanja kroz kristalne dvorane, liftove, čekaonice; svi imaju ideje i stavove, reče on, ideje i stavovi ništa ne koštaju, ni kapi znoja, zbog toga ih u vašoj zemlji ima na pretek. Ali, vi ste za razliku od drugih napravili taj napor da sednete u avion i pređete granicu, mora da vam je veoma stalo do te vaše priče. Nadam se da ćete umeti da je ispričate. Je l' tako?, upita.

Ustao sam i rukama iznad glave napravio luk, opisujući jednu svetleću reklamu – blještava slova kao za kakvu cirkusku tačku, rekoh, slova koja plamte na vratima Hada!

A šta kaže ta reklama? upita G-din.***. Zar ne vidite?, rekoh držeći podignute ruke, podnoseći teret kako reklame tako i svoje ideje.

Kaže, kaže... *Kakvi su sada!*

Šta kakvi su sada, upita on. Ko kakvi su sada, ispravih ga.
Ko kakvi su sada, ponovi on, pomirljivo manuviši rukom. Poznate ličnosti, požurih da objasnim, ličnosti koje je publika volela, nedavno preminule ličnosti, pokojnici. Kakvi su sada. Kakav je taj i taj? A ta i ta, kakva je sada?
To mora da je neka religiozna priča, zaključi G-din.*** zavalivši se u fotelju, pogleda uprtog u veliki plavičasti prozor kroz koji se video grad.
Ne, nikakva *religio,* povikah posluživši se raskošnim efektom latinskog, i sklopih svoju zamišljenu reklamu kao što ciganin sklapa svoju harmoniku, sedajući ponovo preko puta njega.
U redu, nije reč o onom svetu, zaključi G-din.*** i iz manžetni s ukrasnim dugmadima izviriše mu zglobovi, u trenutku kada je ispružio ruke preko potpuno prazne površine radnog stola, kao da je ta površina upravo služila tome da podupre rukave odela od kineske tkanine, sivi šantung. Dakle?, upita.
Dakle, *Kakvi su sada!* je jedna... je jedan... ne, čekajte, idemo korak po korak, od početka, kao što sam ja išao. Radi se o jednom gospodinu od šezdesetak godina, neženji ili udovcu, nebitno za našu priču, jednom čestitom čoveku u svakom smislu, čoveku kome je sudbina bila manje-više naklonjena, koji je umereno nezadovoljan sobom, jednoj uviđavnoj i nadasve prijaznoj osobi. On već dugo živi van Italije, ali povremeno se vraća, recimo jednom godišnje?, da posvršava porodične poslove. Kada se vrati otvara staru kuću u nekom gradu na moru, u Liguriji ili u Napulju ili Versiliji, ali svakako u blizini Palerma, ili gde god vi želite, ono što mene zanima jeste to da u kući i u vrtu sve odiše jednim burno proživljenim životom, ovenčanim slavom, životom koji je po svojoj meri oblikovao svaki predmet, svaku fotografiju, svaki komad nameštaja, svako drvo, pretvorivši ga u pravu pravcatu dragocenost, a naš gospodin je samo nenametljivi čuvar svega toga, pomalo

setan, pokatkad zlovoljan. Njega svaki put dočekaju veoma konkretne obaveze, nerešena pitanja, pitanja vezana za njegovog oca.

Njegovog oca?, upita G-din.***. Da, njegovog oca, potvrdih, na početku sam mislio da to bude lirski tenor, znate jedan od onih velikih operskih pevača koji ako im oduzmete visoke tonove, prenaglašenu šminku, oči koje streljaju, deluju kao da nisu od krvi i mesa, a jedini dokaz da su stvarno postojali je ona gomila izbledelih fotografija što svedoče o njihovom trijumfu u Argentini ili Japanu ili Njujorku, i koji su svima prirasli za srce, čak i onima koji nikada nisu ni kročili u pozorište niti su ih ikada čuli kako pevaju.

Ali lirski tenor je samo glas, ovde je potrebno mnogo više, lice, telo, mimika, pokreti. Zbog toga sam mislio da to bude glumac. Otac tog gospodina koji se često vraća u Italiju bio je glumac, veliki glumac svoga doba, možda komičar, ljudi vole komičare, njima se uvek sve oprašta, ali ne neki običan komičar, već prava pravcata maska iz Komedije del Arte, jedna od poslednjih velikih tradicionalnih maski, maska iz naroda. Umetnost i kultura!

A što ne glumica?, staloženo upita G-din.***. Glumica?, rekoh. Pa dobro, mogla bi biti i glumica, majka gospodina koji se često vraća u Italiju bila je velika glumica, jedna od onih koje poseduju vatrenu ženstvenost, pomalo tajnovitu i majčinsku, tajnovitu i razdiruću. Što da ne, gospodin u godinama koji se zarad porodičnih poslova često vraća u Italiju je sin jedne glumice koja je bila jako popularna, od onih što kada ih vidite kao mlade u crno-belim filmovima ne možete da prežalite što je pre vas postojao neki svet u kome vi niste učestvovali, ne možete da prežalite što niste rođeni u to doba, dok je taj svet još postojao.

U tom svetu sam ja i te kako živeo, mladiću, reče G-din.***. A kada ste vi rekli da je ta glumica bila takva i takva ja sam odmah pomislio na jednu. U tome je razlika, vi tu glumicu morate da zamislite, ja mogu da je se setim.

Odlično, prekinuh ga, vi je se sećate a ja je zamišljam, ne ljutite se, važno je da smo se oko tipa žene razumeli. Pokojna, naravno, majka našeg gospodina, preminula. Ali u srcima ljudi je i te kako živa, čak i u svojim poznijim ulogama, i svaki put kada poneki njen film izroni iz prošlosti svi kažu „Bože, kako je glumila! Kako je dobra! I gde sada da nađeš neku koja tako glumi?" To govore oni koji su odrastali sa njom, koji su bili mladi a potom zreli kada je ona bila mlada a potom zrela na platnu. Ali tako govore i oni koji su je tek sada otkrili, dečaci zadivljeni njenom pojavom u nekom davnašnjem filmu koji se davao u pola noći ili u jednom od onih prastarih filmova koji su postali kultni. Sve u svemu, prava zvezda, zvezda sa dušom.

Je l' u redu što se mame tiče?, upitah, kao da smo taj deo mogli smatrati dogovorenim; u redu je, potvrdi G-din.***. Vratimo se na sina, nastavih, na tog dobroćudnog gospodina koji je nedavno doputovao u grad na moru, i kao i uvek kada bi otvorio staru kuću zapahnuo ga je miris uspomena, jer uspomene imaju svoj miris, uspomene jesu miris, naš sopstveni miris, preostao iza nas i pomalo ustajao, uspomene su stvar njuha, ili bih makar želeo da ih tako osetite, kao što ih oseća taj gospodin.

Dopustite mi da uspomene osetim na svoj način, reče G-din.***, vi vrlo verovatno ni ne znate šta su uspomene. Nego, šta se dalje zbiva s tim gospodinom? Dobija telefonski poziv, rekoh, ženski glas, po glasu bi se dalo zaključiti da je reč o mladoj ženi, lepoj, moli ga da se sastanu, kaže da bi želela da ga poseti. Mislio sam da to bude žena, ako ništa drugo žena ume da bude ciničnija, možda je i prinuđena na to, ishod je međutim isti. A razlog posete?, upita on. To isto pitanje postavlja i naš gospodin, rekoh, i to upravo tonom kojim ste ga vi sada izrekli: mogu li da znam razlog? Tiče se vaše majke, odgovara žena, ali draže bi mi bilo da vam to kažem oči u oči, i ostavlja stvar nedorečenom, i upravo ta nedorečenost nagoni našeg gospodina da prihvati. Popodne sledećeg dana, u staroj porodičnoj kući, žena opušteno čavrlja u svečanom salonu u kojem kao da je zamro svaki život.

Ali kakva je ta žena, upita G-din.***. Žena? Pa, kako da vam kažem, jedna od onih u kostimu, s dugom lepršavom kosom prepunom kovrdžica i uvojaka, sa naočarima za sunce u svojstvu rajfa, sa beležnicom u ruci. Vidite li je? Da, vidim je, reče on pomalo razočaran. Sve u svemu, takav neki tip, za nju je zavođenje samo miris zavođenja, neopipljivo, erotika samo nagoveštaj, kao kada stavite parfem. Ionako u drugom grmu leži zec. Kakva sjajna žena vaša majka, kaže žena, kakva snaga, kakav temperamenat, da i ne pominjem onaj njen dubok i sanjiv pogled, njeno strastveno i rečito lice, njenu glumu koja je izvirala neposredno iz srca, da, to i da ne pominjem. Kakva sreća boraviti u njenoj blizini, poznavati je bolje od ikog, gledati je svaki dan van scene, daleko od reflektora, u intimi doma. Koliko njih bi sve dali da su mogli biti ako ne njen muž barem ljubavnik, ako ne ljubavnik barem sin, ako ne sin barem sobar, ako ne sobar barem neko nevidljivo prisustvo skriveno u kući, tek pogled koji bi pratio njenu priliku iz časa u čas svaki dan, krišom. Vi ste tu sreću imali, i zasigurno ste poznavali vašu majku bolje no iko drugi. Ali postoji nešto što ne znate, kaže skrušeno oborivši oči.

Šta to?, pita on, pretresavši na brzinu najgore pretpostavke, budući pesimista, i tajne koje bi jedna žena mogla skrivati čitavog života čak i od najdražih osoba, čak i od sina. Ona potom krivi glavu, namešta naočare u kosi, obuhvata čitav salon jednim neopisivo nežnim osmehom i napokon izgovara: ono što vi ne znate o svojoj majci jeste... kakva je sada.

U prvi mah naš gospodin te reči tumači u smislu „gde je sada", i istog trena u mislima dočarava jednu geografiju skrojenu od onog gore, onog dole i onog između, i tu svoju mamu, iako ne znajući baš tačno gde da je smesti, zamišlja u tom između. A kada mu žena objasni da nije reč o tome, odgovara kako bi njegova majka, sada, mogla biti onaj oblak koji plovi nisko po nebu s one strane staklenog zida, ili mali kedar iz Libana koji je on lično zasadio u vrtu, pridajući tome posebno značenje, na dan kada je umrla.

Glumica s takvim talentom da postane kedar iz Libana? Naravno da je mogla odigrati bilo kakvu ulogu, kaže žena, ali kedar iz Libana! Ma hajte molim vas, ne mislite valjda ozbiljno? Svaka čast Ovidiju, i kakva uteha Filemon i Baukida, ali nema potrebe ići tako daleko.

Momenat, prekide me G-din.***, odmahujući glavom, žena koju ste vi opisali ne bi mogla tako da govori, ne bi mogla to da kaže. Mogla bi, odvratih, vremena su se promenila, mogla bi jer latinski daje dubinu, ili barem ona tako misli, a uostalom Ovidije, Horacije, Katul, Ciceron, Lukrecije, itd., svi oni jedva da su imali i osnovnu školu, o srednjoj da i ne govorimo. Naravno da je to rekla, verujte mi, žena je upravo tako rekla, i tada je naš gospodin bez uvijanja pita šta znači to „kakva je sada", baš kao što ste i vi mene pitali kad sam ušao u ovu sobu. A znate li šta je *Kakvi su sada!?*

Ustadoh, jer su mi trebali dugački koraci, široki pokreti. Naime, rekoh, *Kakvi su sada!* je jedna *globalna akcija,* jedna pojava, jedan događaj koji ranije nije postojao a sada postoji, jedan veštački događaj stvoren ni iz čega, jedan neporecivi događaj koji međutim budi emocije kao kakvo rukom stvoreno delo, iako to nije. Ali žena se našem gospodinu ne obraća na taj način, barem ne odmah, ne. Kaže mu, značajnim tonom, kaže: zar vi ne biste voleli da vidite svoju majku? Zar vas ne zanima kakva je sada? Mi to možemo.

Kako to mislite?, pita naš gospodin. Mislim na jedan zreo pogled, odgovara žena, jedan realističan pogled, konkretan i sveprožimajući. Jedan pogled koji izražava *pietas* ali i pribranost, jedan pogled koji bismo svi mi, hiljade nas, milioni nas želeli da usmerimo ka licu vaše majke, kako bi je još jedared videli, kako bi je videli kakva je sada. To nije teško, dodaje uzdahnuvši. Dovoljno je otvoriti grob.

Otkopati leš?, zagrcnu se G-din.***. Pređe rukama preko površine stola, proveravajući da li mu je na dlanovima ostalo koje zrnce prašine. Nije loše, reče, moglo bi da prođe, grob se naravno može otvoriti. Ali u koju svrhu?

Kako bi se napravila fotografija, odgovorih kao iz puške. Fotografija koja će kružiti u hiljadama primeraka, u milionima primeraka, pojaviti se na stotinama novinskih stranica, u stotinama televizijskih sekvenci.

Ali prikazati fotografiju leša je neukusno, primeti G-din.***, s dozom nesigurnosti u glasu. Je li?, a zašto?, upitah. To ne bi bila fotografija s flešom na kojoj je sve spljošteno i prenaglašeno, ne, bila bi to fotografija u boji, suptilna, puna senki, fotografija koja ne bi naglašavala neprijatne detalje, jedna zaista lepa fotografija, pomalo *flou,* pomalo zamagljena, i taj sfumato bi doprineo jednom gotovo metafizičkom osećanju smrti i vremena, ukratko rečeno, jedna umetnička fotografija. Umetnost i kultura! Tada raširih ruke kako bih dočarao dimenziju slike, koliko bi trebalo da bude velika ta fotografija, a takođe i koliko je zapravo velika moja ideja.

Malo pudera ne bi bilo na odmet, reče G-din.***. Puder na lobanji koja se raspada, uzviknuh, čuda koja čini šminka. Da, nastavi on ozbiljno, ali šta ako je ta lobanja neprepoznatljiva, ako od tog lica nije ostalo ništa osim kostiju?

Upravo tako, to i ja kažem, ko bi je mogao prepoznati, tu fotografiju, to lice, zapravo to bivše lice, ukoliko nema imena? Kada sam vam opisao takvu i takvu glumicu vi ste rekli da je se sećate i da ne morate da je zamišljate, ali ako bih vam pokazao fotografiju te ili neke druge glumice, ne kako je se vi sećate već *kakva je sada,* da li biste je prepoznali? Probali biste da pogodite, zar ne? Budite iskreni, probali biste da pogodite. I ja bih probao da pogodim kada bih bio suočen s takvom

jednom fotografijom. A zašto milioni ljudi ne bi isto tako probali da pogode, i u tome našli zadovoljstvo, uživanje, stvaralački izazov? Zašto da ne napravimo veliku nagradnu igru?
Nagradnu igru?, upita G-din.*** vidno zainteresovan. Veliku nagradnu igru u kojoj treba pogoditi ko je poznati pokojnik na fotografiji? Da li je to ono što žena predlaže našem gospodinu? Lagano klimnuh glavom, osmehnuvši se zadovoljno, zaverenički. Baš tako, kazah, i ponovo sedoh.
Dobra ideja, reče on, ali nikada neće uspeti da ga ubedi. To nikome ne bi uspelo, čak ni ženi koju ste opisali. Dobra ideja to s nagradnom igrom, ali neostvarljiva. Ko bi ikada uspeo da ubedi rođake? Što se rođaka tiče, rekoh, oni se ubeđuju ili novcem, ili igrajući na kartu njihove potajne ogorčenosti. Mislite li možda da je lako biti sin ovoga ili unuk onoga, supruga ili sestra, pa svaki put kada se nekom predstavite i izgovorite vaše prezime taj vas pogleda i kaže, *rođak?*..., kao da vi sami po sebi ne postojite, kao da nemate drugi identitet osim onog koji je oličen u tom porodičnom imenu. Ne možete ni da zamislite koliko dece poznatih osoba, uza svu ljubav, duboko u srcu misle da su ih roditelji zapostavljali, ili opterećivali sopstvenim primerom i talentom, da ne pričamo o udovicama, ah, udovice!, mehuri ljubavi i mržnje spremni da se rasprsnu nakon smrti njihovog slavnog supruga, kakva pamet!, kakva srčanost!, ali kakav kreten u četiri oka, kakav nitkov, kakav tiranin! Neopisivo je bolno izgubiti ga, ali ja sada krećem u novi život, došlo je mojih pet minuta. Verujte mi, rođaci uvek imaju jedan otvoreni račun, u banci ili u životu, na koji se može preliti nešto što bi ih ubedilo.
Ali to ne važi za čoveka o kome smo dosad pričali, reče G-din.*** izazivačkim tonom. On nije takav. A zašto ne?, čekajte malo, hajde da vidimo, rekoh, dopustite mi da nastavim. Prvo što oseća je naravno gnušanje. U salonu koji polako tone u mrak naš gospodin ostaje bez reči, a imajte na umu da žena još uvek nije u potpunosti

obrazložila ideju o nagradnoj igri. Samo ga je upitala za dozvolu da se grob otvori i da se fotografiše majčino lice, to prelepo lice grandiozne glumice, onakvo kakvo je sada. Ali i to je već dovoljno da u našem gospodinu izazove gnušanje i neopisiv bes. Zgražanje i užas: što se groba tiče, odgovara, to zaboravite. A nagradna igra je, dozvolićete, čista ludost.

G-din.*** napravi neznatan pokret rukom kao da želi da kaže da drugačije ne bi ni moglo biti. Čekajte malo, rekoh, vi možda ne znate da su visoko moralne osobe najpodložnije kontradikcijama, duševnim nemirima, najizloženije opasnostima, i da suprotno od očekivanog najlakše posrnu. Da, to znam, reče G-din.***, ali kako stvari stoje nikako ne mogu da zamislim kako biste vi i ta žena mogli preokrenuti situaciju, budući da žena, kako mi se čini, ima dobre šanse da bude izbačena iz kuće, zar ne?, ljubazno ali oštro, s izvesnim ponosom, naš gospodin joj kaže ili joj pak daje do znanja da je razgovor završen. Od tog trenutka žena je prinuđena da grabi svaki minut, zar ne?

Naravno da je tako, rekoh ja, trudeći se da ga ne prekidam, voleo bih kada biste vi nastavili priču, i on nastavi. U međuvremenu, reče, žena će morati bolje da objasni šta je to *Kakvi su sada!*, i moraće našem gospodinu da kaže ono što ste vi rekli meni, globalna akcija, događaj koji ranije nije postojao a sada postoji, i tako dalje. Potom će morati da mu priča i o nagradnoj igri. A kako će to da učini? I šta je zapravo ta nagradna igra? Fotografija jednog raspadnutog lica koja kruži unaokolo, fotografija za koju se svi pitaju čija je, zatim se recimo svakoga dana pridoda poneki detalj, poneka sitnica, poneka fotografija iz ranijeg doba na kojoj se ona i vidi i ne vidi, možda će se neko setiti, ko zna. Je l' tako?, upita G-din.***. Naravno da je tako, uzviknuh, fenomenalno!, ni ja to ne bih bolje smislio. Bravo. Primičemo se cilju.

Da, odgovori on, ali svaka ova rečenica, ukoliko je to ono što žena izgovara, svaka ova rečenica je sve više gura ka vratima. Rekao bih da ubrzano gubi minute kao i pažnju našeg gospodina. Kako da je ponovo pridobije, šta da učinimo da je ponovo pridobije?

Taj glagol u množini izazva u meni neku čudnovatu ushićenost koju sam morao da prikrijem iza ozbiljnog i zamišljenog izraza lica. To što vi kažete je tačno, rekoh, ali ne smemo da zanemarimo vaspitnu stranu nagradne igre, njen formativni koeficijent (upravo tako rekoh, formativni koeficijent). To je prvi razlog kojim se žena suprotstavlja gnušanju koje naš gospodin oseća. Odatle počinje njen ponovni uspon. Kaže: šta vi mislite, da sam ja došla da vam nudim trgovinu leševima ili simoniju? Za koga me vi smatrate? Vaše gnušanje me teši, nisam drugo ni očekivala, začudilo bi me da je obrnuto. Drago mi je, eto, to samo znači da još uvek postoje takve osobe, osobe kao što ste vi, kojima se može verovati. Nije me samo ogromna popularnost vaše majke nagnala da se obratim vama, već upravo ta vaša suzdržanost i etičnost o kojoj su mi pričali ljudi koji vas poznaju. Recite vi meni, ko danas ima hrabrosti da pogleda smrti u lice? Danas se ne umire, crkava se. I ne samo danas, već u čitavom ovom veku. Ne čitate filozofe? Izgubilo se ne samo značenje smrti, već i bliskost sa smrću, koja je nekada davno postojala. Riba, kao što znate, smrdi od glave, ako se izgubi smisao smrti izgubiće se i smisao života.

Zar ta izreka o ribi potiče od filozofa?, prekide me G-din.***. Možda ne baš od filozofa, oni ne govore baš konkretno o ribi, odgovorih, ali žena bi mogla tako da govori, kad nije potpomognuta latinskim. Da, reče G-din.***, međutim, kako god okrenete, naš gospodin bi mogao da joj odgovori šteta zbog gubitka te bliskosti sa smrću, ali zar baš moramo ponovo da je stičemo preko grbače moje majke?

U pravu ste, rekoh, u pravu ste i vi i naš gospodin. Obojica pravo govorite. Ili bolje rečeno, u pravu smo mi, vi i ja, odlično nam ide. Naravno, pred ženom je dug put a vrata kuće su joj sve bliža, nije ga ubedila, našeg gospodina, s tom pričom o značenju smrti i ribi koja smrdi od glave, štaviše od tog trena pa nadalje i još zadugo naša će priča zapravo biti priča o jednom mukotrpnom ubeđivanju, biće to priča o predaji. Ali žena je jedan malecni korak ipak napravila. Ponovo steći bliskost, prisnost sa smrću, kaže blago nagnuta ka njemu i bezmalo uverena u ono što govori, steći ponovo tu bliskost od suštinske je važnosti, a da bi se to dogodilo potrebni su uzori. A ima li boljeg uzora od vaše majke? To je bila za života, uzor svima nama, uzor za ženstvenost, za *humanitas* – njeni pokreti, način na koji je gledala, na koji bi iskazala strast ili osudu samo jednim treptajem oka, verujte mi, to ne treba ni pominjati! Sve smo želele da budemo kao ona kakva je bila za života, i sve bismo, kada dođe momenat, želele da budemo kao ona sad kad je mrtva, jer vaša je majka i u smrti sigurno najbolja, najveća, najveći uzor koji nam pokazuje kako treba izgledati kao mrtav. Ali kako ćemo to saznati, kako ćemo to pojmiti ukoliko nam je zabranjeno da je vidimo, da vidimo kakva je sada?

U redu, u redu, nasmeši se G-din.*** i lukavo iskosi pogled. U međuvremenu, reče, u međuvremenu naš gospodin je već pomalo umoran, pali svetla po salonu, naređuje staroj guvernanti koja tih dana prebiva u kući kao u stara vremena da posluži čaj, on i žena ga ispijaju u tišini. Ni na pamet mu ne pada da prihvati, ali ne želi sada o tome da raspravlja, možda sutra, telefonom, odbiće je sa tri reči, bez suvišnih objašnjenja. Čak i žena, ispijajući čaj, razmišlja. Više od toga zasad ne može da postigne, ali značajno je već i to što ona prva ustaje da se oprosti.

Savršeno, rekoh, savršeno, a na vratima se okreće ka našem gospodinu i šapatom mu kaže gledajući ga pravo u oči: mogla bih vam reći da to učinite zbog vaše majke, kako bi se fama i slava koje su je pratile za života prenele *ad aeternum;* mogla bih vam reći da to učinite zbog samog sebe i dokažete da imate hrabrosti da izađete iz ćutanja u koje su se mnoge vredne i osećajne osobe poput vas zatvorile. Ali neću to reći. Dopustite mi da budem egoista, makar jednom. Dopustite mi da vam kažem... učinite to zbog nas.

Pretpostavljam da od tog trenutka slede beskrajni telefonski pozivi, reče G-din.***, razgovori koji ženu bacaju u sve veći očaj, a našeg gospodina sve više uznemiruju. Na jednom kraju žice sve veći pritisak, obilje malih i velikih razloga, tu i tamo čak i poneka prikrivena i tajanstvena pretnja. Na drugom kraju žice sve manji i manji otpor. Naravno, rekoh, upravo tako, i najzad jedan kompromisni predlog: a da odemo na groblje? Volela bih da se prošetamo po tom mestu, volela bih da me vi odvedete do vaše majke. Mislite li da bi naš gospodin na to pristao?

Da, reče, G-din.***. Da, pristao bi.

Da li bi pristao da tu bude i fotograf? Čak i jedna mala ekipa?

Da, čak i ekipa, reče on. Pa čak i patolog, dodaje za sebe. Svakako, patolog, povikah, toga se nisam ni setio.

A na groblju, produžih nagnuvši se preko stola, na groblju pada i poslednja brana. Sve je spremno, već su potkupljeni svi oni koje je trebalo potkupiti, budući da jedan grob ne možete otvoriti kad god vam se prohte, popodne je, već je mrak, jesenje popodne ispunjeno maglom, nekom niskom izmaglicom. Pošto su otkopali ono što treba otkopati, podigli ono što treba podići, napokon se pred očima našeg gospodina ukazuje leš. Isprva je iznenađen njegovom očuvanošću, potom mu pažnju odvraća žena koja fotografu kaže gle!, obučena je u haljinu koju je nosila u *Avgustovskim strastima,* njenom remek-delu! predlažem da odmah slikaš, ispucaj ceo film, želim svaki detalj; potom ga žena gotovo uzima za ruku i kaže, pokazujući lobanju koja prolazi kroz proces raspadanja na nepojmljive tvari i u nepojmljivim bojama, kaže još uvek je tako lepa!, ne čini li vam se da se osmehuje? Potom našem gospodinu počinje da se vrti u glavi, on oseća kako se duboko u njemu nešto komeša i kako mu mlaka sadržina stomaka navire u usnu duplju.

Gotovo, reče G-din.***, sada više ne može natrag. A, to ne, rekoh ja, odatle nema natrag. Ustadoh, ponovo sam osetio potrebu za visinom i prostorom. Fotografija je obišla svet, rekoh razmahavši se po sobi, i dok se većina njih baca na pogađanje o kome je reč, izvesna manjina lomi koplja oko pitanja da li je ispravno ili ne pogađati ličnost na osnovu fotografije njene lobanje. Koliko stranica u novinama!, koliko komentara u medijima!, posla preko glave!, da, da, u suštini je žena, naša žena, svima obezbedila posao, nešto je proizvela, proizvela je događaj koji ranije nije postojao a sada postoji, u suštini je dobročiniteljka, stvara posao, stvara stranice koje treba ispuniti, parametre koje treba osavremeniti, telefonske razgovore koje treba obaviti, kud ćeš više? Zar vi, upitah, zar vi ne volite događaje? Naravno da volim, odgovori G-din.***, pomalo ironično. Dakle, nastavih, onaj ko stvara događaj stvara posao. Stvoriti događaj je izuzetno teško, prava je umetnost iznedriti jedan takav događaj, iznedren ni iz čega, potrebno je daleko više talenta nego za stvaranje bilo kakve druge tvorevine. Kakav bih sjajan događaj ja sada mogao da stvorim, na licu mesta, ako bih izvukao pištolj i ubio vas, eh, koliko bi tu bilo posla za sve!, obezbedio bih posao nemalom broju ljudi; ali takav jedan događaj imao bi svoju cenu, vaš život, vašu smrt. To nipošto ne važi za *Kakvi su sada!*, pokojnici postoje te postoje, ništa ne koštaju, pokojnici su tu nadohvat ruke, čuveni pokojnici, dovoljno je snimiti ih, zar ne? To je ono što žena sama sebi govori, dodadoh zaustavivši se kraj ogromnog prozora koji je gledao na meni nepoznat grad, potrebno je da ubacimo jedan mali monolog, na određenom mestu, ili jedan važan dijalog, ili pak repliku u kojoj će žena samu sebe ubediti da sve to što radi ima izvesno značenje, izvesno dostojanstvo, izvesnu etiku tako reći, zar ne?

Da, negde ćemo ubaciti i takvo gledište, reče G-din.***, ali manite se etike, to vam nije jača strana. Sada je važna ta sveprisutna fotografija, ta lobanja s ostacima onoga što je još ostalo, koja vas gleda odasvud i koju svi svugde gledaju, na ulicama, u kućama, u vozovima.

E, tu bih ja umetnuo ljubav prema detalju, rekoh. Na kraju krajeva svrha nagradne igre nije samo u tome da ponovo uspostavi bliskost sa smrću, kao što je žena rekla našem gospodinu, već i da nametne jedan deduktivni način spoznaje, zasnovan na indicijama, jedan način da se pređe sa posebnog na opšte, eto, tu bih ja umetnuo taj osećaj za detalj, svojstven Megreu i Šerloku Holmsu, tu veru u posvećenost, u radoznalost, u preciznost, eh, to su prave vrednosti! I svako od onih stotinu, hiljadu, milion ljudi, svako ko dođe u dodir sa *Kakvi su sada!* odgovarajući „To je muškarac! To je žena!", to je taj ili to je ta, iako nikada neće uspeti da pogodi, zapravo dolazi u dodir sa tim vrednostima, sa talentom onoga koji ume da od jedne prazne vilice rekonstruiše lice, ili istoriju filma od natrulog parčeta haljine. Svim onim stvarima koje mu jednoga dana mogu biti od koristi, zar ne?

Sve do..., reče G-din.*** presekavši, sve do, pretpostavljam, nekog spektakla. Spektakla?, upitah vrativši se u sredinu sobe. Naravno, spektakla, ponovih otežući slogove. Spektakl je veliko završno veče, veliko finale. Jedno pozorište, jedno ogromno pozorište na otvorenom, jedno drevno grčko pozorište, Sirakuza ili Taormina ili čitava Dolina Hramova, tako reći, jedan predeo s pinijama i čempresima, maslinama i mediteranskim rastinjem, prirodna scenografija za najdrevnija pitanja, iskonska pitanja, najbolja scenografija za izvesna pitanja, zar ne? Amfiteatar je ispunjen do poslednjeg mesta, u njemu vlada grobna tišina.

Ja tu pre vidim jedno veliko gradsko pozorište, reče G-din.***, jedno pozorište u prometnoj ulici, u centru neke metropole, pozorište koje ima izvesnu tradiciju, ne po svaku cenu klasično, može i pozorište u kojem se prikazuju lake komedije, jedno otmeno mesto, ukratko rečeno jedno mesto ne odviše daleko od svakodnevnog života.

Razumem, rekoh, da, svakodnevni život. Pa ipak to veče je izuzetno, pozorište je i tamo i svugde, povezano sa celim svetom. Raširih ruke, i kao što Ciganin razvlači svoju harmoniku raširih ponovo svoju reklamu, svoju ideju, dočaravši u vazduhu polukružni natpis *Kakvi su sada!* Zamislite jednu ogromnu zavesu od crvenog pliša, rekoh, zavesu sa zlatnim obrubom, zavesu koja zaklanja čitavu binu. U podnožju zavese su plamičci koji se kreću, plamičci koji tumaraju poput duša, i to talasanje plamičaka u pomrčini gotovo da ima neki sopstveni zvuk, zvuk disanja, zvuk tek ispuštenog uzdaha. Postepeno, među plamiččima se pomalja figura žene, to je ona koja je uspela da ostvari ovu izuzetnu priliku, ona je njen tvorac, ona je ta koja je pruža nama koji smo tamo, koji prisustvujemo.

Da li je i naš gospodin u pozorištu?, upita G-din.***. Ne, odgovorih, mislim da nije, žena je do poslednjeg momenta navaljivala da i on dođe, ali je naš gospodin od groblja pa naovamo odbijao svaki poziv. I evo, žena je u dugoj haljini, stroga i odmerena, otmena i zamišljena. Neopisivo prefinjena, prefinjena u duši. I pribrana. U toploj svetlosti plamičaka koji joj obasjavaju lice kaže: dugo smo se pitali, dugo je svako od nas postavljao sebi ozbiljna pitanja o onome što činimo, da li je ispravno, da li je to zloupotreba, da li je u skladu s onim što nazivamo *aequitas,* što uvek treba da upravlja svačijim delanjem. Sumnjali smo, naravno, ali nema istine koja nije začinjena bolnom i razdirućom senkom sumnje. I na kraju, nad našom zebnjom, nad našim kolebanjem prevagnuo je razum, prevagnuo je Lukrecije: *hunc igitur terrorem animi tenebrasque necessest, non radii solis neque lucida tela diei discutiant, sed naturae species ratioque,* e, da, taj užas što razdire dušu, tu tminu, neće raspršiti sunčevi zraci nit blještavilo dana, već posmatranje i saznavanje prirode! Posmatrati! Iz ogromne ljubavi prema prirodi, prema ljudskoj prirodi takvoj kakva jeste, prema ljudskoj prirodi tako zanemarenoj u ovom našem vremenu, tako potisnutoj, tako poreknutoj u svom bitku i postanju, naime, iz dubokog poštovanja prema našem istraživačkom nalogu mi smo večeras ovde, zarad *Kakvi su sada!* I iz neograničene vere u zdrav razum i trezvenost za nekoliko časaka preći ćemo prag koji će mnogi, dobro znam, brzopleto proglasiti nepremostivim.

Dižite zavesu! I zavesa se lagano podiže.

Tu ućutah produžavajući neizvesnost te me G-din.*** strpljivo upita šta se nalazilo iza zavese. Šta se nalazilo?, uzviknuh ozarivši se. Nalazio se leš majke našeg gospodina!

A to ne, reče G-din.***, leš se ne donosi u pozorište. Sa lešom na bini naša žena će navući čitavu publiku protiv sebe. Onda fotografija, smesta rekoh, ali fotografija nije dovoljna. Već su je hiljadu puta svi videli. Treba nam nešto istinsko, treba nam neki obrt.

To je tačno, reče G-din.***, treba nam obrt, to jest privid. Treba nam jedna voštana lutka. Lutka koja će predstavljati glumicu kakva je sada. Fenomenalno, povikah, lutka u prirodnoj veličini, urađena do poslednjeg detalja, do poslednje koščice, poslednjeg komadića kože koji je preostao, poslednjeg vlakna haljine, jedna voštana lutka neopisivo verna i upečatljiva, do izvesne mere i uzvišena, jednom rečju lepa, na neki svoj način, možda jedino bez izvesnih prejakih detalja, šta znam, onih crva koji kad za to dođe vreme ulaze i izlaze kroz prazne očne duplje, ili gotovo prazne, kao ribe kroz okrugle prozore na potonulom brodu.

To, produžih, to će žena morati propisno da začini. Mogli smo vam doneti posmrtne ostatke, kaže, ali nismo želeli da vas prestravimo. Naprotiv, želeli smo da vam priuštimo spoznaju i istinu. Horor, kaže žena, priče i filmovi strave, sve je to ulepšano, estetizirano, ima evazivni karkater fantazije, oslobađajući karakter fantazije koji dejstvuje na samoj granici udaljujući je; ono najstravičnije, onaj najgori *revenant* ne može se ni izdaleka porediti s onim kako će svako od nas izgledati u različitim fazama *post mortem,* s onim što će svako od vas sada moći da vidi, u liku koji nas gleda iz tog otvorenog groba. Kroz koji tren, zaista, mi ćemo napokon videti *Kakva je sada!* A takođe ćemo saznati i ko je ona.

I eto, rekoh obuhvatajući rukama vazduh kao da želim s nežnošću da prigrlim nešto što se nalazilo tu preda mnom, eto, odmah potom na ekranu se pojavljuje to bivše lice, raspadnuto ili mumificirano ili okamenjeno, i ta slika se polako i bolno pretapa u neku drugu, u neku sliku na kojoj nema zelenkastožute boje truleži, u jednu očaravajuću crno-belu fotografiju, u staru dobru crnobelu fotografiju koju svi toliko volimo, u kadar koji prikazuje jedno predivno mlado žensko lice, jedno lice pomalo nagnuto na stranu, njeno lice, nje koja drema u ležaljci na palubi parobroda, u filmu *Čarobni vetar.* Kakva divota, one oči koje žmirkaju na bledom suncu, na blagom povetarcu! Kakva zavodljivost u tim napućenim usnama! Kakva oštroumna i znalačka simulacija sna! Publikom u pozorištu prostruja jedno ah! od zaprepašćenja i odmah zatim zaori se buran i uzbuđen pljesak. Potom taj portret počinje da bledi i polako se opet pomaljaju oni istruleli ostaci, propraćeni u publici jednim oh! od tuge, očajanja, svesnog i zrelog bola. Kako vam se čini?

G-din.*** se nasmeši, blago klimnuvši glavom. Da, reče, ali ja ne bih preterano insistirao na toj slici. Neke stvari ostavljaju veći utisak kad se iskažu rečima, može ih izgovoriti patolog. Tako je, patolog, uzviknuh, na njega sam i zaboravio, mogao bi da rekonstruiše hronologiju smrti, mogao bi da razgovara sa ženom, jedan vedar razgovor, opušten, u kojem ona povremeno i prednjači, dobro se pripremila, uzima mu reči iz usta. Propituje ga o relativnoj smrti, kada je glumica još uvek mogla biti vraćena u život, i o intermedijarnoj smrti, kada su se vitalne funkcije nepovratno ugasile ali je kiseonik koji je preostao u ćelijama omogućio nekima od njih da još izvesno vreme požive, i o apsolutnoj smrti, kada su ćelije počele da izumiru i kada je leš podlegao prirodnim procesima. Možemo li te procese malo da razjasnimo?, pita žena. Zbog toga sam i došao, odgovara patolog. I tako žena počinje da prevodi i prilagođava, jer klinički izveštaj je klinički izveštaj i treba poštovati njegov naučni karakter, ali treba mu dodati malo *pathos*-a, jer dok patolog jadikuje nad činjenicom da prevelika upotreba đubriva u poljoprivredi i konzervansa u ishrani usporava raspadanje leševa, ona se obraća direktno tim ostacima, toj voštanoj figuri, nazivajući je imenom naše velike glumice i priča kako je nakon dvanaest sati svaka tečnost iz nje već bila isparila, tako da su se čak i očne jabučice sparušile, te predivne oči!, i pluća su se skupila, ostatak krvi se slio na dno stvarajući mrlje i modrice, pokoravajući se zemljinoj teži, a kada bi je okrenuli, tu našu veliku glumicu, ove mrlje su se pomerale dok je gornji deo tela sve više bledeo a isušena koža postajala nalik pergamentu, sve dok krv, na koju god stranu je okrenuli, nije prestala da se sliva i mrlje su ostajale tamo gde su se zatekle. Nakon dvadeset četiri časa, kaže žena obraćajući se voštanoj figuri sa „ti", tvoja tkiva su dostigla priličan nivo kiselosti i ćelije su počele da se raspadaju posredstvom encima, bacili u crevima napali su desni zid, nakon četrdeset osam časova nadula si se od gasova, naduli su ti se obrazi i kapci i usne, koža ti je pocrnela, i da smo mogli da te prikažemo kakva si tada bila, kaže okrećući se prema publici, nikada je ne biste prepoznali, niko ne bi pogodio, ti, tako sićušna i nežna postala si džinovska, džinovska i crna, poput kakve džinovske crne pevačice!, a onda, nakon sedamdeset dva časa...

Za ime Boga, prekide me G-din.*** povlačeći se unazad od stola i od onoga što sam govorio. Šta vas je spopalo?

Ja ućutah, dirnut, istinski dirnut i ražalošćen pri pomisli na jednu takvu razdiruću strast prema telu, i prema svemu onom što telo mora da pretrpi da bi nestalo, da bi dostiglo onu okamenjenu, suštinsku hladnokrvnost kostura.

Potom stadoh da hodam gore-dole po sobi, dugim koracima i s rukama na leđima, i svaki put kada bih se okrenuo nekoliko časaka bih oklevao u tom zaokretu kao da vežbam kakav minijaturni plesni korak. Da li sam vas uznemirio?, upitah.

Ne, niste me uznemirili, odgovori G-din.***. Ali počinjem da mislim da vam ozbiljno nedostaje osećaj za meru. Treba vas uputiti, mladiću, izvesne stvari se ne mogu staviti u priču, izvesne stvari niko ne želi da zamišlja ili gleda, bukvalno su nesvarljive.

Možda sam malo preterao, dopustih učtivo, ali to sam učinio samo zato da bih vas ubedio. Želeo sam da vas dovedem upravo tu gde smo stigli, hteo sam da vi osetite moju priču onako kako je ja osećam.

Ja veoma dobro osećam vašu priču, odgovori G-din.***, ne morate da me ubeđujete. Ukoliko mi se neka priča svidi ja je prihvatam, bez obzira ko mi je predlaže. Vi, pak, morate da naučite da ne pričate zarad ubeđivanja, ljudi za tren oka shvate o čemu se radi, ljudi odmah počnu da opšte sa namerama onog drugog, naslute ih iza reči. Ja sam recimo odlično shvatio šta želite od mene, i drage volje prihvatam. Zamolio bih vas samo da mi napišete koju stranicu, skraćeni projekat, skicu, nešto što bih mogao da pokažem svojim saradnicima ili partnerima. Ne više od tri strane, ni toliko, neka budu dve, niko u ovom poslu ne čita ništa što je duže od dve strane. Mogli bismo ga nazvati *Kakvi su sada!* To će čak i na engleskom dobro da zvuči.

G-din.*** ovlaš dodirnu revere sakoa, kao da je hteo da proveri da li mu svilena kravata stoji kako treba, ili je možda želeo da se jednom zanavek udalji od malopređašnjih slika i da se pribere uz pomoć tog dodira sa šantungom. Priđoh velikom prozoru, nad meni nepoznatim gradom gasilo se jedno tmurno nebo, prevučeno zloslutnim oblacima. Bilo mi je potrebno još nekoliko trenutaka te posegnuh za nekom malom prazninom u glavi prateći pogledom tramvaj koji je krivudao između zelenih površina i prodavnica.

O čemu razmišljate?, upita G-din.***. Možda ne želite da prodate svoju ideju?

Priđoh radnom stolu i tu ostadoh da stojim, položivši ruke na njegovu površinu.

Možda ne želite da radite sa mnom?, propitivao je G-din.***.

Nasmeših se i odmahnuh glavom. Nakon jednog značajnog uzdaha ponovo odmahnuh glavom, rekavši: ja nisam ovde zbog sebe. I nemam ništa da prodam. Taj globalni čin treba započeti s jednom izuzetnom ličnošću, jednim velikanom, velikanom koji je nedavno preminuo, likom koji su svi voleli, zar ne?

Ali o tome smo do malopre pričali, primeti G-din.***.

Ja sam ovde zbog toga, rekoh. Ovde sam zbog vašeg oca. Mi iz *Kakvi su sada!* odlučili smo da počnemo s vašim ocem.

EVIL LIVE

...i čiji je život manje-više prosečan, manje-više u ovo doba svake večeri vraća se kući prolazeći kroz prostor – isprva osmišljen potom manje osmišljen a potom izmrcvaren – onoga što su pre jednog veka bile metropole a sada su podrugljiva i oronula karikatura samih sebe kao „gradova", a kada stigne kući, nakon manje-više sat vremena, uključuje mašineriju, ulazi u Veliku Mrežu, zakoračuje u svet, stupa na teren jedne grupice koja debatuje, i tu polaže, poput jajeta, svoju priču. Na nekom drugom kraju sveta neka druga osoba kao i svakog drugog dana pročešljava grupicu koja debatuje o onome što je i samu opseda, manje-više u to doba jezdi morem poput krstarice, jezdi i nadzire to vodeno ogledalo zajedničkih opsesija, iseca iz tog velikog mora alternativa i zloupotreba koje klokoće ko zna gde u Mreži ono što iščekuje i za čim žudi. Uto nailazi na priču, pohranjuje je u kompjuter kao fajl, i izašavši iz Mreže čita:

From: EvilLive!@TheEnd.com

„Moja rvačica ima dvadeset jednu godinu, noću tumara ulicama u potrazi za bilo kakvim okršajem, borilački narod ne prebiva na jednom mestu, on je u dijaspori, Eva ulazi u jedan lokal zatim u još jedan pa u još jedan, klizeći niz padinu noći, traži, u prugama svetlosti koje presecaju lica, i iz lokala u lokal vaga i odbacuje, zureći ženama u oči, ne obazirući se na one jalove, neodređene i kolebljive strasti u njihovom pogledu, merkajući međutim pokrete njihovih tela, ono što telo o sebi govori, sve dok u nekoj drugoj ne prepozna sopstvenu uobrazilju, sopstvenu sudbinu, tako Eva traži svoju suparnicu svake noći, tako je i ove noći nalazi. Pokatkad je prinuđena da odglumi da se udvara njenom pratiocu, što je jedan od načina da se zametne kavga, ali u ovom slučaju to nije potrebno, Rut je sama, kao i ona, zna li se šta čeka?, to zna Eva čiji je pogled instinktivno nalazi, nju koja stoji u osvetljenoj niši tamo u dnu gde se pije, to sigurno zna čak i ako je ne pita hoćeš li da se borimo?, i gotovo je bez reči odvlači sa sobom.

Kuda? Najbolje na neko napušteno mesto, tu negde ima jedan peščanik, ostaci nekog starog industrijskog postrojenja, tamo sam je prošlog leta jedne noći gledala kako masakrira dve devojke u jednoj tuči utroje, i dok je stezala onu koja je sva krvava i iznemogla uporno odolevala, dok je pod sobom gnječila to telo iz kojeg su isticali i svest i život, pogledala me je podigavši glavu, pri tom ne popuštajući stisak, gledala me je nepomična, zadovoljna, i, ukoliko se to može reći, srećna. Ja sam jedina sa kojom Eva nikada nije ni pomislila da se bori, želi da prisustvujem („potrebno mi je nadmetanje, potreban mi je fizički okršaj, potrebno mi je tvoje prisustvo", kaže), ponekad više voli da mi u dve reči ispriča kako je prošlo. Sa mnom nije ni nasilna, ni nežna, ni poverljiva, ja sam samo ona koju je izabrala da obavi određeni zadatak, očekuje da ga obavim ne mešajući se, taj zadatak, moj zadatak, da ispričam, ne znam kome i ne znam gde, i to upravo sada i činim. Eva i Rut prolaze kroz opore i razlivene boje noći i napokon stižu do peščanika, do mesta gde su uskladištene vreće s peskom. Odmah se skidaju, kao da svaki santimetar tela treba da učestvuje u borbi, da odradi svoj deo, da se priljubi ili pruži otpor svom parnjaku, da odbrani ili napadne ono što mu sleduje, ali još uvek nisu sasvim nage, ne zato što se stide, već da bi mogle da maštaju o onome što će kasnije videti – u onim kasnijim fazama, a njih u tim stvarima nikada nije dovoljno – i što u ovom trenu ruke tek naslućuju udarajući, grabeći, prijanjajući. Rut je uspela da ščepa Evu sa leđa, hvatajući je ispod pazuha i ukrštajući joj ruke iza potiljka, a onda ju je savila i podigla da bi je potom oborila na kolena, „full nelson", zahvat koji ona nikada ne bi tako nazvala, Rut ima urođenu žestinu i borilački nagon ali nema tehničko znanje, niti poznaje Evu i njen način da na početku protivniku udeli prednost i iluziju. To je osnovno, tvrdi Eva, to što je ne poznaješ, što ne znaš ništa o njoj, tu nema reči, samo telo koje govori i osluškuje, prinuđeno da o onom drugom telu sudi putem zahvata, da ga na taj način upoznaje, dok se očajnički i naslepo bori. Ume Eva i da se našali, od detinjstva je u tim stvarima, ume da se igra, da iznenadi Rut koja je još uvek steže otpozadi, da je zavitla u vazduh i prebaci preko sebe, potom joj seda na stomak, pribija joj ruke za tlo, čitavim telom se lagano pripija uz nju, i posmatra je tako oči u oči pokušavajući da dokuči do koje mere je Rut shvatila šta je čeka. Ne, nije shvatila. Dakle Eva joj pomaže pljesnuvši je dlanom po licu, i sada je za Rut sve već izvesno, poput krvi koja joj curi iz nosa i iz rasečene usne. A kosa? Sada će se ta prelepa negovana plava kosa umrljati krvlju, razmišlja Eva i hvata je za kosu i vuče nagore pritiskajući joj grlo podlakticom, izbijajući joj dah iz grudi, sve dok Rut, koja je sada načisto kako sa samom sobom tako i sa situacijom, ne počne nasumice da grize zubima, gde god može, kako god može. I tako, dok bol sustiže bol, borba se pretače iz zahvata u zahvat, i dok su Rutini očajnički i primitivni, Evini su ljutiti i promišljeni..."

That's all for tonight, people.

U tom trenu osoba koja je sačuvala priču u kompjuteru, osoba sa jednako prosečnom biografijom, prekida čitanje, budući da se i priča tu prekida, oslanja leđa o naslon stolice, posmatra kako sviće nad zalivom južnoga grada u kojem živi, razmišlja o stvarima koje danas treba da uradi, o tome razmišlja dok posmatra okrajak sunčeve lopte koja na vrelom vazduhu ostavlja varljivi utisak fluidnosti, potom odlučuje da odmah odgovori, sada, pre nego što ode na posao. Upisuje neki pseudonim, neko lažno ime, na mesto pošiljaoca elektronske pošte, i pobedivši neodlučnost piše:

To: EvilLive!@TheEnd.com
„Nastavićeš? Kada? Da li si ti Eva? Da li si Rut? Možda si ona koja priča? Naravno da ćeš nastaviti, bilo da si žena ili muškarac nije važno, iako su to uglavnom muške fantazije, retko se događa da ih opisuje jedna žena. Ali možda su fantazije samo izgovor, ima tu nečeg drugog *Evillive*, zar ne?, barem bi trebalo da bude, ako uzmemo u obzir ime koje si odabrala. Dobro je što si prekinula, sve hrli ka kraju, baš tako, bolje je prekinuti tu, usred priče, upravo kada je priča dostigla svoj vrhunac. Osim toga, pitam se zašto se zamajavaš s opisima. Pročitao sam sijaset takvih priča i to sa znatno konkretnijim, provokativnijim i uzbudljivijim detaljima. Detalji su u tim stvarima od suštinske važnosti, dopuštaju svakome da se uživi u skladu s ličnim sklonostima. Kakve su Eva i Rut? Zašto nam ne opišeš njihova tela? A ta nagost, ne potpuna, kako se brani?, šta je to, svedeno na minimum, što je skriva kako bi je najviše moguće istaklo? Otkrij nam to *Evillive,* toliko je čudna tvoja priča".
From: Timetolose@Find.it

Potom izlazi iz kuće, spušta se ka šupljikavom gradu, pomisao na poslati *e-mail* i na mogući nastavak priče pratiće ga čitav dan, ta paralelna zona, taj bespogovorni alibi koji mu niko neće zatražiti, ta zaštićena zona, privatna, samo njegova, iz koje će crpsti energiju, koju će napuštati i vraćati joj se kad god poželi, koja će postojati čak i kada s drugima bude pričao o nečem drugom, i taj razgovor s drugima o nečem drugom ulivaće mu s jedne strane osećaj sigurnosti i pouzdanosti, sigurnosti koju kontakt uvek daje, dok će mu s druge strane omogućiti neki bezazlen i krajnje ličan (varljiv?) podsmeh, ovde sam s vama, ali vi i ne slutite gde sam još u ovom času, niti gde ću biti večeras. A uveče, misao o povratku prethodi telo na njegovom putu, pomisao na *e-mail* i na priču pretiče telo uza stepenice, stiče prednost na vratima, izmiče za nekoliko koraka u prelasku onoga što još treba preći, i kada je napokon i telo stiglo do stolice, telo (premda je malo toga što telo treba da učini) i misao ponovo jednovremeni uključuju mašineriju, pretražuju, i nalaze. Ne, ne nalaze. Priča nije tamo gde je prošli put bila. Da li će se pojaviti docnije? Možda je još rano u odnosu na juče. Možda je u pitanju vremenska razlika. A možda je poslata putem elektronske pošte. Misao i telo otvaraju koverat. Pronalaze pismo.

From: EvilLive!@TheEnd.com

„Kao što vidiš priča nije više tamo gde je bila, uostalom ni od koga nisam dobila nikakvu poruku, niko mi nije odgovorio osim tebe. Dakle, nastavak šaljem tebi, samo tebi, ali to nije privilegija, možda pre odgovornost koje ćeš, uverena sam, postati svestan. Uzbudljivi detalji? Nemam vremena, nemam vremena za krpice i trakice koje se usecaju u kožu, za obline i za bradavice koje štrče, za sokove koje telo u borbi ostavlja na drugom telu, za one raskrečene poze koje razotkrivaju, niti za znoj koji sjedinjuje tela. Za te začine ćeš, ako ti je do njih baš stalo, morati sam da se pobrineš, *Timetolose*. Želiš ružne reči izgovorene u zanosu borbe?, urlanje i jauke?, dodaj ih ti, ukoliko imaš vremena. Ali ni tebi još nije preostalo puno vremena, ubrzo ćeš shvatiti. Uostalom, kada bi samo mogao da čuješ tišinu u kojoj se bore! Eva je Eva, zaista postoji i tako se zove, i Rut takođe postoji, postojim i ja, očito. Dve stvari si već morao shvatiti: jasno je da je Eva nepobediva, i jasno je da samo traži nekoga ko će je poraziti, zaustaviti. A sada, ako želiš da ideš dalje, otvori priloženi dokument.

Smesta bi otvorio dokument, ali oseća neki nemir, „odgovornost" je reč kojoj tu nije mesto, izaziva nelagodnost, kakve veze ima odgovornost s jednom sferom čija je snaga upravo u *no rules*, u *sine lege*? Zabrinjava već i sama činjenica da priča nije više svima dostupna, i da je upućena samo njemu kao veoma konkretnoj individui, pa makar i anonimnoj. Otvorio bi smesta taj fajl, ali strah ga je, kao da bi se u tom fajlu mogao skrivati neki virus, neka infekcija koja će se proširiti na čitavo elektronsko područje. Sablasti, zaključuje, i otvara fajl.

„...Eva je imala njuha kada je večeras odabrala svoju protivnicu, ne samo da je naslutila jednu snažnu želju, jednu urođenu žestinu, Eva je u Rut nanjušila neku unutrašnju snagu, riznicu nepokolebljivosti i neukrotivosti koju samo vanredna okolnost – krv, na primer, koju je Rut tek okusila – može da obelodani. Koliko god da je Rut slaba u tehnici, ona to nadoknađuje brzinom kojom uspeva da preokrene situaciju, zbacivši Evu sa sebe, odvojivši se od njenih prsa kao kakvo razjareno i razočarano dete, oborivši je ničice na džakove s peskom. A zatim, u načinu kako seda na Evina leđa, hvata je za vilicu i povlači unazad izvijajući joj pri tom vrat, ramena i kičmu u obrnutom smeru, svako bi prepoznao jedan osrednji „*camel clutch*", zahvat kamilara koji zateže uzde svojoj kamili, jedan od načina da se protivnik udavi. Naravno, nije elegantan kao „*arrow*" kojim Eva, oslobodivši se i legavši poprečko na Rut, pruženu na zemlji, zabija nogu u njena krsta i nateže je poput luka savijajući joj ovamo ruke a onamo noge, luka čija je otrovna strela upravo ona Evina noga u Rutinim krstima, ali za Rut je taj položaj toliko bolan i nepodnošljiv da joj se čini da je ona ta koja će istog časa biti odapeta poput strele i izleteti iz peščanika. I zato nasumice, izmigoljivši se iz tih okova i tog klinča, nasumice i nesvesno izvodi jedan sasvim prihvatljiv „*reverse cradle*", spušta se u sedeći položaj i sada ona hvata za ruke i noge Evu okrenutu leđima, priteže je oko struka, povija oko sebe njenu glavu i noge, dopuštajući joj da iskusi dva paralelna osećaja: da se cepa na pola i da joj je lice zagnjureno u Rutin stomak gde će, uz malo sreće, uspeti da udahne tračak vazduha. Koliko može da potraje ovakav jedan zahvat? Ne duže od nekoliko sekundi, Eva to ne bi dopustila nikome, pa čak ni Rutinoj novorođenoj žestini, i već sledećeg trenutka skače na noge te Rut ima taman toliko vremena da se uspravi pre nego što je Eva uhvati u čelični medveđi zagrljaj, „bearhug", telo uz telo kao u bezizlaznoj ljubavi, ispitu snage i izdržljivosti, pozadi osećaš ruke svoje protivnice koje ti prebrojavaju pršljenove, spreda osećaš nju celu, ali ne možeš da je pogledaš u oči jer tela ipak ne mogu u potpunosti da se prožmu, ili ipak postoji granica do koje to mogu, i taj stisak ti gura glavu preko njenog ramena; a na svom ramenu Eva nakon nekoliko časaka počinje da oseća nešto toplo što se od znoja razlikuje po gustini, Rutine vrele suze, ima dovoljno vremena da ih oseti, medveđi stisak traje duže od svih, može trajati do potpune iznemoglosti, budući da od ovog časa Evina i Rutina snaga ne teže u različitim pravcima, jedna da skrši a druga da uzmakne, već se udvostručuju u tom sudaru, okamenjene. Ostaju tako, podupirući se, gušeći se, prožimajući se. Koliko? Vreme borbe je sada drugačije, ne osećam baš najbolje njegov protok; umesto toga čujem kako se smenjuje njihovo dahtanje, jedna pneumatska hronometrija koja naizmenično jednoj pa drugoj daruje čas nadmoć a čas potčinjenost, skrivene duboko u njima, jer spolja gledane sačinjavaju jedan jedini statični blok, ko zna koliko već dugo nepromenjen.

Kažem da se bore u tišini, ali to ne znači da Eva ne priča u sebi, to dobro znam; imena zahvata, kao što možeš da pretpostaviš, nisu mi bila poznata, ona me je naučila, to su imena na koja misli kako bi kontrolisala snagu u trenucima najvećeg napora, ili kada dođe do predaha; zahvati-misli, ona odbacuje one koji su za tu priliku beskorisni, usredsređuje se i ulaže sve na jedan jedini, sriče ga u sebi, reči upućene tetivama, nervima, sada ih i ja čujem, „*crotch mauling*", razmišlja Eva, direktan i grub udarac pesnicom u Rutine slabine, kako otkriva deo ruke koji je sevnuo između ta dva tela, tražeći i nalazeći svoj cilj. Za Rut je to gore nego da su joj presekli neki unutrašnji živac, njen stisak popušta, Eva je pridržava i nekoliko časaka je prati u njenom padu, možda stoga što ne može da prekrati taj zagrljaj, potom je pušta da se skljoka na zemlju. Je l' to dovoljno? Ne, nije dovoljno. Rut nauznak leži na džakovima s peskom, pokušava da zaleči koliko god može svoj bol; Eva, na nogama, koji časak odmerava putanju, a onda poleće i stomakom se zabija u Rutin stomak, telo koje udvostručuje svoju težinu padajući popreko na drugo telo, „*cross-body pin*", ni manje ni više. Budući da to toliko želiš da znaš, to je takođe momenat kad će se Eva pobrinuti (gotovo nesvesno) da njena i Rutina nagost zablistaju u punom sjaju. Ali nije to razlog što nam je preostalo tako malo vremena... Vlažna je noć, u starom peščaniku, ali veruj mi, mi imamo još sasvim malo vremena..."

That's all for tonight, Timetolose.

Zašto nam je preostalo tako malo vremena? Šta će se dogoditi? U južnom gradu noć je takođe vlažna, i duga, *Timetolose* treba samo da donese odluku. Koju? Odustati, to je potez koji je uvek povlačio. Sve prekinuti. Isključiti, otići na balkon, povratiti prirodan odnos sa noći, možda spavati. Ne odgovarati. Ne gledati u elektronsku poštu nekoliko dana. Ne tražiti grupicu koja debatuje. Izbrisati tu oblast, hirurškim rezom odstraniti taj deo, pustiti da zaraste taj režanj fantazije, na neko vreme (ali kako se odreći energije koju samo tamo nalazi?). Ili upravo suprotno: provesti noć u ponovnom iščitavanju priče, i pokušati razumeti, dokučiti? Odakle dolazi *Evillive*? Gde je *TheEnd.com*? Šta je *TheEnd.com*? Ali zar traganje za mestom odakle je fajl poslat nije već samo po sebi jedan od načina da se još dublje zaglibiš?

Zaskočiti je izokola, odakle ne očekuje, u međuvremenu pronaći mesto odakle *Evillive* govori, *TheEnd.com;* ali zar i samo čeprkanje po marginama tog događaja nije takođe pristajanje na ono „mi", na ono „preostalo nam je tako malo vremena?" Ovoga puta telo je brže, pretiče misao, telo je već kod tastature, 'brodi' – tako drevna reč, neraskidiva s avanturom, tako je statična ova avantura kojoj se to telo sada podaje – telo je već započelo potragu, čeka odgovor na pitanje sastavljeno od tri reči: „*The End.com*". Nema odgovora, ili tačnije odgovor je „Ne postoji podatak". *TheEnd.com* kao mesto ne postoji. Treba sažeti, što on i čini, na jedno prosto „*The End*". Polako počinju da izlaze na hiljade „*The End*"-ova. Hiljade ili nijedan, nemoguće je pronaći usled preobilja kao što je isprva bilo nemoguće usled pomanjkanja, ishod je isti. Pa ipak brodi, brodi *Timetolose*, energija područja koje bi tek hteo da okrzne držeći se na odstojanju ipak zrači i doziva s obale, isto koliko i njegova ponižena i zaprečena energija koja stremi da izađe na pučinu, da raširi jedra, da pretraži svaku lagunu, da zaviri u svaki zaliv. Brodi *Timetolose* između svih krajeva, *The End of liberalism, The End of macro-economics,* njiše se između *The End of European era* i *The End of the learning curve*, kraj krivulje učenja, *The End of universal novel*, kraj univerzalnog romana (zar je još živ?), pristaje uz *The End of work and the decline of the global labor force,* i njima je došao kraj, *The End is not near,* sva sreća, obilazi *The End 253 of the interactive novel,* kraj broj 253 nekog interakcijskog romana (kakvi li su oni ostali?), oplovljava oko *The End violence project,* čista utopija, seče olujne talase, *The End of wires,* nestanak gajtana i kablova, *The End of jobs for life, The End of classical cryptography,* ko bi rekao, *The End of the Alexandrian library concept,* kraj koncepta Aleksandrijske biblioteke, *The loser in the End*, to bi moglo da se odnosi na njega, što se baš ne može reći za *Cosmology, the End of the world as we know it;* hitro brodi *Timetolose*, hvata vetar, zna da ne sme da zastaje u svakoj luci, zna da nikada neće moći u potpunosti da okonča svoje putovanje kroz te odrednice, ali ne može da se obuzda, trči od jednog brodskog prozora do drugog kao kapetan koji je izgubio posadu te sada sam upravlja svojom lađom, diže sidro i hvata kormilo, naginje se preko ograde palube, penje se uz merdevine od užadi, zavlači se u potpalublje i tovarni prostor, brodi u vetar, priteže zatege kako bi što više napeo jedra, obmotava užad oko vitlova, trči od krme do pramca, pogleda uprtog sa palube ka obali kako bi ugledao *The End of time*, ali i *The time of the End*, *The End of science*, *The End of the home concept*, pa gde ćemo onda stanovati?, *The End of nostalgia*, nema više za čim da se žali, *The End of memory*, ništavilo, budući da se ničega nećemo sećati, *The End of elephants*, *Exploring the End of space*, *The End of quality* (zar još postoji?), *The End of unemployment*, kraj ere nezaposlenosti, još jedan *The End of time*, ovaj korenitije usredsređen na potpunu jednovremenost; a kada je reč o vremenu, susreće se sa zonama tišine i bonace *Timetolose*, napeto iščekivanje, brod se ne kreće, vetar stoji, jedra su splasla, sve se zaustavilo (i tada, poput starog i odgovornog kapetana, *Timetolose* obračunava troškove tog prinudnog predaha na jednoj stranici na kojoj uspeva da pročita samo naslov i ništa dalje, *The End of theology – The crucial question...;* ali ni najduža bonaca ne traje danima i noćima, najviše nekoliko minuta, sekundi, iako, zbog brzine na koju je svikao, čini mu se da su u pitanju sati); tada ispravlja kurs, naginje brod, ponovo hvata vetar, i s punim jedrima ponovo hita, *The End of objects*, kraj ere predmeta, *The End of the humorous qualities*, čemu ćemo se onda smejati?, *The End of distance*, razdaljine od čega?, brodi opuštenih jedara *Timetolose* između svih krajeva, zapovednik i pomoćnik, mali i nostromo, stražar sa svojim nepromočivim ogrtačem, brodovlasnik i kapetan, samom sebi izvidnica i posada, put pod noge!, samo napred!, držeći se grčevito za tastaturu kao za prečage kormila, i od jednog kraja do drugog, ne uspevajući čak sve ni da ih zamisli, uplovljuje u jednu skrivenu uvalu, *The End of the Tether,* zabačenu, mesto posvećeno Konradu, kojem odaje poštu, i malo dalje, iscrpljen, spušta sidro u *The End, Fin, Finis, Fine, Al-nihâya,* poslednjoj luci i poliglotskoj prestonici kraja.

Umoran je *Timetolose,* nakon svih tih krajeva i svršetaka ima utisak kao da pripada epopeji dovršilaca, nesvesnih dovršilaca, on sam nedovršeni dovršilac: nije pronašao *TheEnd.com,* niti se udaljio od *Evillive*-a, u najboljem slučaju se zabavio, može biti da je za njega zabava način da se usredsredi i prepusti iskonskom smislu stvari! Uvek postoji neka naizgled beznačajna staza kojom se na kraju ipak pređe put i nekud stigne, razmišlja *Timetolose;* i negde je, zabavivši se, doista i stigao: daleko od tastature, napolje na balkon, opčinjen svetiljkama brodova na sidrištu. On na balkonu, *Evillive* ko zna gde, Eva i Rut u peščaniku. *Evil Live!, zlo živi!* Kakva besmislica. Ali koje zlo? Eva, ukoliko uopšte postoji, samo je mašina za borbu, željna okršaja, možda i posednuta, ali sama po sebi nije neko veliko zlo. A Rut? Ratoborna i nasilna, pa ipak sasvim beslovesna. A erotizam između njih dve, tako prepleten s bolom i povređivanjem? Sasvim uobičajeno zlo, ne odviše pogubno, jedva nešto više od povreda koje jedno drugom nanose njihova tela. Kakva besmislica, zaista. Priča kojoj se još uvek ne nazire kraj, zahtevanje odgovornosti, uvlačenje u neku zastrašujuću trku s vremenom. *Zlo živi!* Ali koje zlo?

U zoru, grad treperi u izmaglici od jare kroz koju iskričavo škilje ulična svetla, i ova noć je protekla kao i sve druge; spremajući se da izađe, u preobražaju koji dan sa sobom nosi, *Timetolose* obavlja uobičajene radnje, i sa svakom radnjom pretpostavke sve više blede, vraćaju se u sferu noći, ma kakvo zlo?, *Evillive* koja priča?, samo žrtva, sudeći po njenim rečima, kao i Rut, kao na kraju krajeva i Eva, sve tri se zavaravaju da čine zlo, upinju se iz sve snage, sve tri žrtve, u suštini. Sada *Timetolose* doista mora da požuri, već kasni; najpre je žurno jezdio kroz vode Mreže a sada žurno zavezuje pertle na cipelama, čvor na kravati, stavlja sat na ruku, to je ono čime preobražaj počinje, sve do sitnica koje se ne smeju zaboraviti, kojima preobražaj okončava. Čak i pogled žurno upire ka onom pravom moru, tamo napolju, i ovlaš prebira po sve blеđim pretpostavkama koje iščezavaju u dnevnom nebu. A ako Eva i Rut zaista postoje? Možda je suština u ono „malo vremena". Dobro opremljen svim onim što ga ponovo vraća u dan, *Timetolose* seda za sto i šalje jedine reči koje bi imao snage, ili vremena, da naglas izgovori:

To: EvilLive!@TheEnd.com

„Zašto ti je preostalo tako malo vremena? Za mene je to prava misterija. Pošalji mi nastavak".

Nastavak će, pri povratku, sigurno zateći, u to nimalo ne sumnja. Ne oseća nestrpljenje da što pre stigne kući, kao što tokom dana nije osetio radost iščekivanja, niti želju da poseti područje koje je sadrži. Uveče, dovoljno je da otvori pismo i priloženi fajl. Ne oseća strah *Timetolose*, niti preveliko uzbuđenje, samo znatiželju, to da, a s njom i neku neočekivanu odlučnost. Čita:

From: EvilLive!@TheEnd.com

„Zar ti je toliko teško da shvatiš *Timetolose*? Ako i dalje ne shvataš zbog čega nam je preostalo tako malo vremena, onda sam pogrešila što sam se obratila tebi. Rekla sam ti da se radi o odgovornosti, a ne o privilegiji. Ne mogu da ti objasnim razloge, veruj da ne bih bila u stanju. Uostalom, sve ono što ti treba je tu, u završnici priče. Sigurna sam da ćeš je pročitati".

„... Rut se s teškom mukom pribrala od udarca. Evine manevre nad svojim telom osetila je kao kroz san, nije ih sprečila, prevelik je bol u grudima, previše teško povratiti dah, previše velika zebnja, dok polako dolazi k svesti, od povratka u borbu za koju više nema snage. Dakle kupuje vreme, ležeći na zemlji. Eva čeka, stojeći nad njom, i budući da se čekanje odužuje preko svake razumne mere pomaže joj da ustane, vukući je za kosu i postavljajući je na noge; i tek pošto se uverila da je u stanju da se održi u tom položaju i da će jasno shvatiti šta joj se događa, udara je prvo pesnicom u lice potom nogom u slabinu, sve u jednom jedinom okretu piruete, skladna, laka kao pero. Rut ostaje na nogama, prima sve te udarce, ali usled brzine kojom su se odigrali gubi ravnotežu i naleće leđima na vreće s peskom, u trenutku veoma korisne, budući da su je zadržale da ne padne unazad; a da ne padne napred pobrinuli su se Evini udarci, naizmenično u lice pa u stomak, tako izvedeni da je primoravaju da Evi nakon svakog udarca ponudi najpovoljniji ugao za onaj sledeći, kako ova ne bi protraćila ni trunčicu energije. Neću se zadržavati na silini tih udaraca, niti na njihovom zvuku od koga me podilaze žmarci, niti na trajanju, niti na Rutinom pokušaju da se šćućuri i zaštiti lice rukama, niti na činjenici da je haotično, zauzvrat, čak i njoj uspelo da dopre do Evinog lica i da na njemu ostavi očajničke i neprecizne tragove koji se očas zacrveneše. Kad su se vratile u sredinu gde sam mogla bolje da ih vidim, učinilo mi se da Rut gleda samo jednim okom; poznajem Evu, to oko razrogačeno od šoka i užasa je razdražuje, jedi, istog trena ga zatvara udarcem s obe ruke.

Pitaš se *Timetolose*, na čijoj sam ja strani; da li u ovom trenu, u mojoj ulozi prisilnog svedoka priželjkujem povoljan ishod za Evu ili za Rut, i da li, šire gledano, u borbama podržavam nju ili njene rivalke. Istina je zapravo da ne umem da se opredelim, poistovećujem se sad s jednom sad s drugom, menjam stranu od zahvata do zahvata, katkad sam na strani primljenog udarca a katkad na strani datog, kao svedok mogu da budem na bilo čijoj strani, to je prednost nad onim koji je boreći se prinuđen da igra samo jednu ulogu, dok ja mogu da se uživim u obe. Činjenica je, međutim, da mi ni ta dvostruka uloga nije dovoljna, ta uloga svedoka nije mi dovoljna. Rekoh ti, preostalo je veoma malo vremena.

Čak i Rut ima još sasvim malo vremena, doduše ne baš toliko malo kao što misli Eva; nakon udarca koji je izjednačio njene oči, Rut se, oslepljena, baca na nju, hvata je, savija, udarcima prikiva za zemlju, prvi put je zatiče nespremnu, nespremnu čak i za ukus vlastite krvi; baulja po njenom telu poput šteneta, nagonski pronalazi vitalne tačke i tu prianja, tu se ukorenjuje, tu krči sebi put, tu uvrće, čereči, cepa, čist nagon, faza borbe koja se svodi na *„die or live"*, živi ili umri, o tome se radi, za Rut koja više ne vidi to je prozirno jasno. Kao i podjarmljenoj Evi, dok podnosi to rastezanje tražeći za to vreme način kako da mu doskoči, čujem imena zahvata koja joj prolaze kroz glavu zajedno s potpunom svešću o njihovoj pogubnosti i bolu koje će izazvati, ali više nisu u pitanju zahvati, u pitanju je kako izaći živ iz tog prepletaja, iz tog klupka koje se kotrlja po peščaniku i umotava u tepih ili ogrtač ili veo od peska i bola, i koje se konačno rasplića ispred mojih nogu. To klupko drhturi, oscilira još uvek čas ovamo čas onamo, zapitano za svoju sudbinu, potom se ravnoteža remeti u korist Rut koja opkoračuje Evu u neočekivanoj nadmoći koju ispoljava na najsuroviji mogući način. Svaki borac ima svoj završni zahvat, onaj odlučujući zahvat, rekla mi je jednom prilikom Eva, ja znam koji je njen, i znam da je smrtonosan; potanko mi ga je opisala i slutim da ga sada potanko razmatra kako bi se izvukla iz tog položaja ali ga odbacuje, nije neophodan, dovoljno je da leđa izvije u luk i nogama dograbi Rutinu glavu i vrat vukući je nadole, a potom da u okretu naskoči na nju i prikuca je za zemlju, ovog puta konačno. Konačno, Rut istog trena shvata, strah koji ne može da se izlije iz njenih otečenih i gotovo zatvorenih očiju pretvara se u neki drugačiji miris kože, Eva ga njuši i počinje da broji, broji udarce, nepogrešive i ritmične, jedan, dva, ne umem da ti kažem da li je to želela, tri, četiri, možda je ostala razočarana, pet, šest, svaki udarac odzvanja o Rutino telo i razliva se mnogo dalje od područja koje ga prima kao da mišići više ne mogu da obuzdaju te talase, sedam, možda je shvatila da Rut neće izdržati, da nije bila na visini i sada se sveti s jednim gnevom koji nikada ranije kod nje nisam primetila, osam, svaki udarac bi trebalo da ostavi crveni trag ali sa svakim udarcem Rut je sve bleđa i mlitavija, devet, još samo drhtaj, nekontrolisano trzanje nogu i stopala, deset, i to je kraj.

Ubila ju je, *Timetolose*.

·Eva još uvek sedi na njoj, beživotna, ugašena, ne okreće se da me pogleda. Tu je još uvek onaj završni zahvat, neupotrebljen, na koji je maločas pomislila i odbacila ga. Ja ga ubiram, ustajem, ne pitam se čak ni da li ću biti u stanju, da li ću smoći snage, ne znam ništa o borbi i imam samo taj zahvat onakav kakvog mi ga je ona opisala, ukoliko pogrešim neću imati ni načina niti vremena da se zaštitim, ali već sam iza njenih leđa, razmišljam i preslišavam se i čini mi se da u rukama osećam taj potez, moje ruke već gotovo dotiču njen vrat, kako je čudna ta mešavina znoja i krvi, kako je čudno dotaći ono što sam toliko puta gledala samo iz daljine, osećam iznenadni i divlji trzaj njenih mišića koji se iznova bude, kako je čudno ući u sve ovo što ti pričam, *Timetolose,* odakle crpim tu preciznost i sigurnost?, da si samo video kako je stežem u naručje, kako desnica klizi tačno onamo gde treba da pritegne dok levica blokira svaki izlaz, a onda obe naglo povuku u jedan neprirodan i uvrnut položaj, i ovaj put, nakon sati i sati tišine, prolama se urlik, urlik pun neverice, podrugljiv, „Ne, ne od tebe!", u istom trenu u kojem moj pokret dotiče granicu preko koje se dalje ne može, kraj trke, jedno krc posle kojeg ne osećam nikakvo opiranje. Još uvek je držim u naručju, potom je polažem preko Rut, tamo gde je skončala Rut.

... S kim se bori Jakov, *Timetolose?* Sećaš li se? Protiv koga se bori Jakov, u tišini, u Noći Borbe?"

That's all forever, Timetolose.

Da, sada shvata zašto im je preostalo tako malo vremena. Ali šta može da učini? I najzad, zašto bi nešto i morao da učini?, zar on nije samo *Timetolose?*, danguba, danguba, ime koje mu je oduvek najbolje pristajalo, možda zato što je na vreme počeo da gubi vreme. Nego, šta li znači ono *forever*, razmišlja, kraj priče zauvek. Uostalom, gde je *Evillive?* Kako dopreti do nje? Kroz otvorene prozore zajedno s vrelinom noći i grajom sa ulice dopire neka meksička pesmica, strpljiva i prizemna, penje se gore ka njemu sa ko zna koje svetkovine, sa ko zna kojeg trga. A ako bi otišao tamo da popije jedno pivo? Kada bi toj *Evillive* mogao umesto pisma da pošalje ovu pesmicu, ovu južnjačku noć ispunjenu glasovima, i dok razmišlja o pesmi naviru mu reči koje bi trebalo da izgovori, koje bi trebalo da uputi toj *Evillive*, i koje možda ničemu neće poslužiti, budući da je preostalo tako malo vremena. Na kraju uzima pivo iz frižidera, muziku i dalje čuje sedeći za tastaturom. Bez žurbe, ne troseći odviše snage, piše, u taj noćni sat.

Evillive, čiji je život manje-više običan, manje-više u ovo doba svake večeri vraća se kući prolazeći kroz prostor – isprva osmišljen potom manje osmišljen a potom izmrcvaren – onoga što su pre jednog veka bile metropole a sada su samo podrugljiva i oronula karikatura samih sebe kao „gradova", i kada stigne kući, ove večeri nešto ranije nego obično, uključuje mašineriju, ulazi u Veliku Mrežu, zakoračuje u svet, traži bez prevelike nade.

To: EvilLive!@TheEnd.com
„Pismo u trci s vremenom, težak meč, *Evillive*, ne verujem da će ičemu poslužiti, pisma su često uzaludna, moje uostalom već na samom početku rizikuje da bude smešno, jer ti se obraćam kao osobi, i to ženskoj osobi, iako nemam ni najmanju predstavu ko si ili pak šta si. Nikada neću saznati koja od vas, ti, Rut ili Eva, zaista

postoji; nisam suviše razmišljao, to nije u mojoj prirodi. Da li ste sve izmišljene ili ste stvarne nije ni važno, postoji međutim izvesna razlika između tebe i njih, barem je postojala sve do nedavno, i valjda ti je zbog te razlike, u cilju da je sačuvaš, preostalo tako malo vremena, a od mene tražiš, zar baš od mene?, da se utrkujem s vremenom. Da li si me izabrala da te zaustavim kao što je Eva izabrala Rut, da li je to ono što od mene tražiš? Ako je tako ne verujem da sam za to sposoban, mogu samo da se nadam da se taj kraj još nije dogodio, ne to da Eva nije ubila Rut, to mi se dopada, već da ti nisi ubila Evu. Za tebe bi to bilo dvostruko razočarenje.

Već i same fantazije razočaravaju, razočaravaju *Evillive,* to je njihova kob, tvoje fantazije tako slične mojima, ni meni takođe nisu dovoljne; ja sa svojima nikada nisam uspeo da postignem trajna zadovoljstva, uvek sam pronalazio nešto više, neku veću jezu, neko dublje dno, neki mračniji mrak, e da, mnoštvo uzbudljivih detalja, onih koje si mi ti uskratila, sada shvatam i zašto, već si žurila dalje. Fantazije su mi nudile sve što sam mogao da poželim, naravno, zato i postoje, nove okolnosti, neverovatne situacije, neprekidno sam se vraćao svojim igračkama, činilo mi se da je svaka nova priča dostigla vrhunac užasa, da je bila ono najbolje što je moja skromna i nezgrapna mašta mogla da iznedri, da ne bi mogla biti savršenija. Može li se zamisliti gore zlo?, pitao sam se. Da, može, ajme, čitava ta parada, svi ti noviteti i detalji potrajali bi samo jedan dan, katkad i manje, najednom bi sve splaslo, izbledelo, izgubilo životnost i silinu, preostali bi ništavilo i osrednjost, moja osrednjost, i ja sam ponovo kretao na put prema tom istom nespokoju. Obeshrabrujuće, *Evillive,* razočaravajuće, ali sa koliko sam se samo upornosti razočaravao; taj demon razočarenja, moje kukavne i izmaštane krpene lutke, rasparane i iskrpljene poput pajaca, bio je za mene jedini izvor snage, i do dan danas ne posedujem drugi.

Eto zašto mi se tvoja priča učinila tako neobičnom, u njoj nije bilo onih pikanterija kojima se obično naslađujemo u pričama *newsgroup*-a, bila si tako daleko od nas, ja sam ti tražio sve one detalje ali ti si govorila o imenima zahvata, o nekoj žurbi koju nisam mogao da razumem, gde si?, ko si?, sve do poslednjeg dela koji si poslala, a možda te čak ni sada ne razumem. *Evil Live!*, zlo živi? Je l' to ono što si htela? Da pređeš sa reči na dela? I koliko bi zla mogla da naneseš? Ne znam za tebe, ali meni uspevaju samo neslane šale. Uvek tako malo, suviše malo, nikad ono veliko apsolutno zlo, nezaobilazno, nesmiljeno, koje nije samo sufler dobru poput dva komičara u varijeteu, niti je onaj večni gubitnik, osuđen na patos u kakvom „*booked match*"-u, susretu sa unapred ugovorenim krajem. Ne može se dostići niti posedovati, to zaboravi, nema nikakve svrhe da ti ubiješ Evu, ti koja ništa ne znaš o borbi. I kako bih ja mogao da te sprečim?, ja koji sam samo *Timetolose,* a pogotovu sada, uz zvuke ove pesmice koja dopire spolja, tako primamljiva. Shvatam, ruke koje miruju su proklete, i treba ih uposliti, *Evil Live!*, dakle neka živi zlo!, ali čineći ga još više ćeš se razočarati, što više osećaš da ga činiš, da je napokon tvoje, to ti više izmiče, udaljava se, nestaje. To je barem moje iskustvo, svi mi na kraju osetimo potrebu da ulepšamo sopstvene fantazije.

Ne, ne sećam se s kim se bori Jakov u Noći Borbe, možda s Anđelom, je l' to beše anđeo?, sećam se samo da mu se njegov protivnik nije otkrio i da su se borili sve do zore, mrzi me da proveravam... Ili je možda baš u tome stvar?... Do vraga, *Evillive!* Možda onda i nije bilo tako malo vremena, bilo ga je taman dovoljno, i ne bih ga skroz protraćio pričajući ti o sebi. Dok bih pokušavao da te zaustavim dogodilo bi se suprotno, ti bi bila ta koja bi zaustavila mene, želiš li da to pomislim? Ali sada je pomalo kasno za sirotog *Timetolose*-a, kasno čak i za takvu mogućnost. Sad kada je vreme sasvim isteklo, kada si napisala *forever,* znam da mi nikada više nećeš odgovoriti. Šteta, pomalo mi je žao, zaista, *Evillive!*"

From: Timetolose@Find.it

FUGA

Noć hita Santino i ti hitaš s njom, noć te prati u stopu, ne okreći se da je pogledaš, nemaš vremena za to, a ionako bi video samo onog gada; ko je mogao znati da motor pripada braći Pretananze, hitaš i biraš naslepo ulice, i bolje, jer ulice zapravo biraju tebe, jedna Jamaha, sva hromirana, famozna motorčina u zagrljaju tvojih nogu, ali odmah si je zaustavio blokirajući zadnji točak, polegnuvši na bok, na prvi pucanj si je spustio na zemlju bez ijedne ogrebotine, nikada ranije nisi čuo prave pucnjeve, ali odmah si shvatio da su to pucnjevi, a ne petarde ili praskavice ili ćorci, noge same hitaju, tako si lagan da ti stopala gotovo ne dodiruju tlo, letiš na prstima i noć leti za tobom, i za svima njima, i onim gadom na repu koji zaurlava, tamo iza svih, zaurlava i puca, ali zašto kog vraga puca? Napulj je tako veliki, ne poznaješ ga celog, nikada ga nećeš celog upoznati ni kada ostariš ako uopšte doživiš starost, držiš se za slezinu koja počinje da te probada, uzbrdice i strmine oko stare Mlekare, poneko čeljade i čitave porodice još uvek pognute nad tezgama i lubenicama i plinskim svetiljkama, u toj besanoj avgustovskoj noći.

Potom puste ulice, u prolazu vrebaš osvetljene prozore, otvorene kapije, ali iza svih tih kapija kriju se samo zaključana predvorja ili stepeništa sa zabravljenim vratima, ko će da ti otvori kad te prate pucnjevi, čim začuju onog gada koji prašti i vitla pištoljem još će i svetla da pogase, i laku noć Santino, čitava noć je tvoja, samo tvoja, *taj glas u noći*, to je glas tvog gonioca koji urla *ukebaću te, tako mi svega*, dahćući. Ali taj glas sada dopire kao u naletima, čas je slabiji a onda iznebuha jači, mora da se i on poput tebe izgubio na kraju ovog mračnog uspona, ove strme uzbrdice, zabačene, na kraju sveta. Obreo si se na nekom nasipu koji stremi ka noći, odatle nemaš kud a levo od tebe prostire se veoma visok zid, izvijaš se s rukama na bokovima, naravno ne zato da bi posmatrao noć, bolje bi ti bilo da što pre povratiš dah, osmotriš izbočine i pilastare u podnožju zida i smesta se uspentraš. Opkoračio si ga i na trenutak ostao da sediš na njemu, prestravljen, potom si skliznuo na drugu stranu, gde je sve bilo dublje i mračnije no ikad.

Gde si? To ne možeš znati, Santino, ovo je mesto koje niko u Napulju ne pamti, bolje je zaboraviti, pa iako naprežeš oči da bi bolje video, vidiš samo jedan četvorougaoni trg opkoljen sa svih strana zidom, popločan vezuvskim kamenom, onim istim sivim vulkanskim kamenom o koji si pri padu već ogulio koleno, no trg je sasvim prazan i gladak sve do samih zidina koje ga geometrijski okružuju. Neko vojno vežbalište ali tu nema oružja, dvorište neke kuće ali tu nema kuće, jedna savršena prazna kutija, ti si unutar nje i ne vide se nikakvi izlazi, ali ti i ne želiš da izađeš: strah od onog napolju ako onaj gad pronađe nasip, strah od ovog unutra usled praznine tog mraka što te guši. Strah od svetlosti koja se pali u lučnom prolazu u zidu, od senke koja ti prilazi pitajući „ko je to?" Svetiljka, možda neonska, nije dovoljno jaka da bi mogao da razaznaš lice onoga koji je drži i zaustavlja se na par koraka od tebe. Ponovo zaždiš, „kud si krenuo?" pita svetiljka, prema svakom od četiri ćoška odakle se opet vraćaš ka svetiljci, potegnutoj s onom istom namerom da povredi sa kojom je i onaj gad maločas potezao pištolj. Svetiljka ili pištolj na kraju se predaješ. Svetlost te pretražuje od glave do pete, „al' si majušan!"; i pošto ti stojiš nepomičan, prestravljen i nem, svetiljka se okreće oko sebe, osvetljava čoveka u pomalo tesnoj košulji s kratkim rukavima, postarijeg, mršavog i ne mnogo višeg od tebe.

Firentinski arhitekta Ferdinando Fuga stiže u Napulj za vladavine Karla Burbonskog, tu će živeti i raditi narednih trideset godina sve do svoje smrti, važeći za projektanta „budućnosti", arhitektu zdravog razuma, posvećenog pre svega arhitekturi od društvenog značaja. Kralj mu poveri izgradnju jednog gigantskog boravišta za rulju beskućnika koja je preplavila grad, regium totius regni pauperum hospitium. Ta narudžbina je svakako imala i druge ciljeve, da se sprovede nadzor nad novim talasom migracija iz tog doba, a pre svega da se narodu odvrati pažnja od basnoslovne svote novca uložene u gradnju palate u Kazerti. Fuga htede da u svemu odgovori na postavljene mu zahteve, te Pribežište Ubogih zamisli kao paralelopiped, pet dvorišta jedno za drugim, razdvojenih zgradama iz tri dela, sa crkvom u sredini spojenoj šipkama s ostalim delovima zdanja. Kralju se građevina dopade te vladar koji ga je nasledio poveri Fugi nov zadatak; sad kada su zbrinuti živi siromasi, jedna moderna i razborita politika društvene pomoći nije smela da zanemari problem mrtvih siromaha. Odluka je pala na padinu Kapodikina. Za to mesto na samoj sredini obronka Fuga izmisli jednu zadivljujuće funkcionalnu pogrebnu mašinu, sa zvučnim imenom „Narodno groblje", koju je tokom rada nazivao „Trista šezdeset šest raka", te je u to doba bila poznata pod tim imenom. Trista šezdeset šest jer je na svake četiri godine, tada kao i sada, padala jedna prestupna.

Ti si tu unutra Santino, na tom pločniku od vezuvskog kamena; a kako si dospeo čak ovamo, zapitkuje čuvar spuštajući svetiljku na tlo, i kako si ušao, preskočio sam zid, a kako ti je tako malom to uspelo, otkud znam, za sve su krivi braća Pretanance, kriv je onaj gad tamo što 'oće da me upuca, a znaš li ti šta je ovo?, vaša kuća, je l' da?, ne, ja sam čuvar, ovo je groblje, ne vidi se ali je groblje, a gde su grobovi?, eto tu ispod. Ne vredi da poskočiš, Santino, i pomeriš se istog časa sa mesta na kome stojiš, čim napraviš sledeći korak tvoje stope će se naći iznad neke druge rake, nevidljive. A je l' su mrtvi tu ispod?, bili su, *onaj prozor što svetleše nikad više svetlet' neće*, znaš tu pesmu?, reči i muzika od nepoznatog autora, i kad s večeri svetiljka u prozoru tvoje voljene nije više gorela, voljena ukoliko je bila sirota dolazila je ovamo, *vajkala se mlada što je noćom sama a sada je smrt u postelji grli*, ali ti izgleda ne znaš tu pesmu, mrtvi više nisu tu, nešto je od njih možda ostalo, ali groblje je zatvoreno već više od jednog veka. A oni koji su tu bili kud su otišli?, u more, u reke, u zemlju, svaka raka je na dnu imala rešetku kroz koju je sve oticalo napolje, ali zar bez ijedne ploče?, ijednog krsta?, zar bez ijednog imena?, eh, kako da ne, postoje brojevi, ti si prvo stajao na broju 80, što će reći 21 mart, prvi dan proleća, onda si se pomerio za korak, prešao si iz jednog reda u drugi i stao na 98, to jest 8 april, jedan bezimeni dan, dan kao i svi drugi. Hoćeš li ikada shvatiti, Santino, o čemu se tu radi, znači mrtvi su imali brojeve?, ne rake su imale brojeve, odgovara čuvar, jedna raka za svaki dan, trista šezdeset pet za celu godinu, plus jedna za prestupne godine koje imaju trista šezdeset šest dana, ali kako se ti zoveš?, Santino, lepo, mali Svetac, baš lepo. A gde su brojevi?, ne vide se odmah, uostalom sada je mrak ali i danju se ovde ništa ne vidi, jedan ravan prostor, jedan besprekoran sivi pločnik, dobro uglačan, ali ako približim svetiljku videćeš da tu piše 117, vidiš il' ne vidiš?, vidim, i videćeš da je broj zaokružen, sve je obraslo travom jer se odavno više ne otvara, to je čep, poklopac, vidiš tri alkice, tu bi zakačili čekrk i povukli uvis, za svaki dan u godini po jedan grob, za svaki dan po jedna raka, i tako čitave godine, svake godine od 1. januara do 31. decembra, grob se otvarao u zoru i zatvarao u predvečerje, ko je došao došao, ko nije došao nije došao, zalili bi ga krečom i otvarali tek na isti dan naredne godine.

Nije baš da si najbolje shvatio, Santino, ali te je svejedno strah, doduše ne toliki kao od onog gada koji je sada tamo negde napolju, čuvar ti ne deluje tako opasno, ne mora da znači, ali barem se nadaš; a oni od sledeće godine su padali preko onih od prethodne godine? pitaš, tako je, odgovara čuvar, ali oni od prethodne godine bi do tada već istekli, bar donekle, iscureli bi, gotovo ništa od njih ne bi ostalo. Svake godine otvarala se ista raka, nisi mogao da omašiš, trebalo je naravno obratiti pažnju između kraja februara i početka marta, da ne zabrljaš, jer ako je godina bila prestupna koristila se raka broj 366 a ne 60, moji preci su to radili čitavu večnost a da nijednom nisu pogrešili, radili su to savesno, tačno, prema kalendaru, peta generacija, ja sam peta generacija čuvara groblja, ovde sam odrastao, kada sam bio kao ti trčao sam i igrao se na ovom platou, koliko sam se samo natrčao i naigrao ovde, trčao sam po dijagonali, skakao sa 19 na 323, jedne godine trebalo mi je samo nekoliko skokova od 19. januara do 19. novembra, u povratku sam išao unatrag kroz vreme, kao odrastao nisam ovde više imao šta da radim, kao uostalom ni moj otac, ovo groblje, ovaj mehanizam, zaustavio se zauvek.

Dvorište u obliku kvadrata biće popločano po dijagonali pravougaonim pločama od sivog vulkanskog kamena, i ukrašeno samo jednim vertikalnim elementom u sredini, gvozdenim fenjerom sa tri svetiljke, smeštenim u preseku simetrala na postolju od istog vulkanskog kamena. Dužina zida koji okružuje dvorište iznosiće osamdeset metara po strani. Iz dijagonalno popločanog pločnika izranjaće, oivičene linijama jedne zamišljene mreže pravougaonika, linijama povučenim od ogradnog zida prema centru, izranjaće trista šezdeset šest nadgrobnih ploča koje će pokrivati isto toliko grobova i od kojih će svaka imati oblik kvadrata sa stranicama dugačkim osamdeset santimetara i biti obeležena brojevima u rastućem nizu uklesanim arapskim ciframa, izdižući se gotovo neprimetno iznad nivoa zemlje. Ostalih šest nadgrobnih ploča biće smeštene na podu nadsvođenog trema građevine u kojoj će se nalaziti i „Kuća ukopnika". Na taj način će se dobiti broj od trista šezdeset šest nadgrobnih ploča, ispod kojih će se nalaziti vertikalne ko-

more s kvadratnom osnovom, sa stranicama dugačkim četiri metra i duboke dvanaest metara, presečene na dubini od deset metara metalnom rešetkom u svojstvu filtera. Rake u dvorištu biće raspoređene u devetnaest redova od kojih će svaki sadržati devetnaest raka. Devetnaest puta devetnaest iznosi trista šezdeset jedan, ali od tog rezultata treba odbiti raku u preseku simetrala, gde se nalazi fenjer, i pridodati je rakama na tremu koje odgovaraju poslednjim danima u godini i koje će, sa onom šestom za prestupnu godinu, iznositi paran broj.

Večni plamen, večno je bilo groblje, kaže čuvar, gomilali su se mrtvi, grobovi su stalno bili isti, stalno u krug, suvlasnički, svake sledeće godine novi stanari, *i poput točka okreće se svet, ko zna na koga sutra je red*, reči od Ambre, muzika od Merkadantea; nego reci ti meni Santino, ko to hoće da te upuca?, ja sam samo pozajmio motor a on se nadao za mnom, taj gad, a zar ti umeš da voziš motor, umem, umem; ne sme se pucati u dečake, ali ovamo sigurno neće doći, ne brini, niko ovamo ne dolazi, niko ne zna za ovo mesto, a šta vi onda tu radite, čuvam, treba ga čuvati iako više ne radi, ipak je to groblje iako ima dušu kalendara, Pitagorine tablice, računaljke, da samo znaš šta sam se kao dečak ovde naračunao, a šta ste radili sve ove godine? proučavao sam napolitanske pesme, a kad niste?, odavde je pucao divan pogled, sa kapije se mogao videti San Đorđo u Kremanu, malo dalje čak i ostrva, i sve kupole grada i crveni dvor na Kapodimonteu, posle su svašta izgradili i zaklonili su vidik. Hoćeš li vode, Santino?, sav si znojav.

Gledaš to dvorište i čini ti se da već polako shvataš, da barem možeš da zamisliš, ali što više zamišljaš sve te više podilaze žmarci, šta ti je? pita čuvar osvetljavajući ti put, plašim se eto, ma jok, zašto?, mrtvi nisu zli, ovi ovde su povrh svega bili sirotinja, jadnici, od njih više ništa nije ostalo, ili gotovo ništa tamo dole, *ako se iz mraka na me izbečiš, kao mrtav u san ću ti doći, mirno snivat' nećeš više moći*, reči od De Mateisa, muzika od

Biskardija, ali mene svih ovih godina niko nije posetio, naprotiv, ti si prvi koji je došao u ove kasne sate, ali ti si živ; a ta imena koja kažete kad otpevate ko su ti?, to su autori, evo je česma, i dok čuvar odvrće slavinu ti se Santino pitaš kakva li je ta voda, zapitkuješ čuvara, je l' za piće? kako da ne, izvrsna je, i saginje se pre tebe do otvora slavine, ali držeći svetiljku podalje od vode na trenutak osvetli neku rešetku i nešto ispod nje na zemlji, ti ga ugledaš i ostaješ skamenjen, vrisneš, tvoj vrisak odzvanja odbijajući se o sva četiri zida, a ono, šta je ono?, zar niste rekli da nema više ničeg?, čuvar baca tek letimičan pogled, ne prestajući da pije, kovčeg? odgovara, uspravljajući se i brišući usta maramicom, što se ti brzo uzrujaš Santino, to je bio jedan velikodušni čin, poklon, smiri se, sad ću da ti pokažem, ali ja ne želim da ga vidim, želim da odem kažeš, bolje i Pretanance prolazi ti kroz glavu, nemoj da se plašiš, kakav si ti to muškarac negoduje čuvar, dođi, prazan je, prazan il' pun isto me je strah, ali ipak ideš za njim. Osvetljava ga, pitao si me da li su oni od sledeće godine padali preko onih od prethodne godine, da, taj tupi udar je zaista bio problem, siguran sam da nije baš umilno zvučao onima koji su došli da ih isprate i voleli ih, ali za to se pobrinula Baronica, žena široke ruke, velika dobročiniteljka, ona je bila ta koja je groblju podarila kovčeg, za svakog mrtvog po jedan kovčeg?, ma ne, to nije mogla, ko bi to mogao, ne, jedan kovčeg za sve, jedan te isti, jedan lep metalni kovčeg sa polugom koja je otvarala dno, i tako su posmrtni ostaci polagani u kovčeg sa svim počastima, ali čim bi dospeo dole poluga bi se sama otkočila, dno se otvaralo i kovčeg se gore vraćao prazan, *o ljupki Napulje, ti kraljevstvo sklada,* ovu sigurno znaš Santino, to je barkarola *Santa Lučija.*

Treba napomenuti da trg nije zamišljen kao fasada, kao kakva vodoravna fasada, lepa maska koja treba da oplemeni izvornu surovost tih podzemnih hodnika i rovova, prava arhitektura bila je skrivena tu ispod, nevidljiva i u dubini; podzemne komore nisu bile prokopane odozgo već izdubljene odozdo u brdu Latreku, (Lautrec), *primenom graditeljske strukture na bazi mreže pravougaonika, čime je dobijen neprekinuti niz od devetnaest paralelnih galerija, nadsvođenih jednim jedinim polukružnim svodom; svaka galerija, podeljena na devetnaest jednakih delova, obrazovala je na udaljenosti od četiri metra i dvadeset santimetara isto toliko četvrtastih raka. Čitav mehanizam se dakle nalazio tu ispod, sačinjavajući podlogu na kojoj je trg ležao ali i urnu, dom, u kojem su usled svojstava njegovih stanara temelji vršili ulogu prebivališta. Neko ko bi ga pogledao odozdo mogao bi steći čudnovat utisak da Narodno Groblje podupire sam Narod.*

Pretanance je čuo tvoj vrisak, Santino, i sada se vrzma tamo napolju njuškajući levo-desno oko zida, a osim toga, primičući se tako korak po korak neizbežno je načuo i čuvarevu barkarolu; već traži oslonac za ruke i noge, penje se do vrha, odatle vidi samo svetlo i u to svetlo i puca. Čuvar zadivljujućom brzinom gasi svetiljku, ko bi rekao, hitro se saginje, i ubrzano ispod glasa pevuši *da l' pucnji to su što onde odjekuju?;* ti šćućuren između kovčega i bljeska od pucnja, van sebe od straha kažeš oprostite, zar ne biste mogli da se makar malo uzdržite od pevanja?, pa da se uzdržimo, odgovara čuvar. Uostalom, Santino, sa muzikom ili bez nje cena je ista, cena je taj gad koji sad obazrivo korača ka vama u pravcu odakle je doprlo svetlo.

Jedno paleoiluminističko groblje, kazaće, svaljujući svu krivicu na ograničenost razuma. Nesumnjivo je pokušalo da ozakoni vertikalni princip brišući pri tom svaku individualnu pretpostavku; ali upravo u toj potrebi da po svaku cenu bude moderno, ono je i protiv svoje volje, nehoteći, odrazilo jedno mnogo drevnije i primitivnije osećanje, svojstveno onom dobu kada su mrtvi bili pripadnici jedne nerazlučive zajednice, jednoglasne, đubrivo u ciklusu zemlje, i kao takvi su pohođeni i slavljeni. Što se vremena tiče, i tu je čak postiglo suprotno od onog čemu je težilo: kružno kretanje karakteristično za ovaj mehanizam preokretalo je linearno vreme progresa u ciklično vreme svojstveno jednoj veoma dalekoj mitskoj epohi. Utopija je neophodna, za šta bi se inače borili, objekat utopije je raskošan, raznolik, sadrži čak i svoju suprotnost, svoju propast, i što je veća strast i preciznost s kojima se pristupa razradi objekta utoliko više sam rezultat osporava i izneverava prvobitnu nakanu.

I korak po korak, kada je već samo korak od vas i tebi već naviru suze na oči, pravi pogrešan korak, sapliće se o kovčeg, psuje i gubi ravnotežu, nalazi oslonac u čekrku, i u tom pokušaju da se pridigne pištolj mu ispada iz ruke i odleće daleko od njega; čuvar ga osvetljava, ti ga žurno grabiš, al' je težak ovaj pištolj, ali ti i čuvar ste već na nogama, dok Pretanance, sada već nazirući ponešto, još uvek sedi na zemlji pitajući se o šta se to sapleo, ali kakva je ovo jebena stvar, kakvo je ovo jebeno mesto? Zašto ga ne ubiješ Santino, ti to ne možeš zar ne?, vratio sam ti motor, kažeš, šta još 'oćeš, 'oću da svima bude jasno da se neke stvari ne smeju raditi, naprosto nisu dozvoljene, odgovara taj gad pokušavajući da se pridigne, računajući i to što ti sad radiš s tim pištoljem, odma' da si mi ga dao, a otkud ja da znam da je motor vaš, morao si znati, zakon ne priznaje neznanje, citira iz vlastitog iskustva, jesam ti ga možda oštetio, samo sam se malo provoz'o, nema ni ogrebotine. I dok ti i tvoj gonilac razmatrate događaj sa zakonske tačke gledišta, ti s pištoljem koji držiš tako da ga nikad ne bi mogao pogoditi, on u nedoumici da li je vreme da te zaskoči, dok se preganjate oko propisa i njegovog kršenja, na starom napuštenom groblju ovog grada slobodnih mislilaca, ni ti niti on ne primećujete da svetiljku više niko ne drži već da je spuštena na zemlju, da stoji sama, onaj koji ju je držao iskoristio je mrak i vašu raspravu, obrnuo čekrk, privukao sebi kuku koja visi na lancu, polako, bešumno, i sada je drži zapetu nišaneći kao kakav strelac ili bacač kugle, cilja u gornji deo senke okrenute leđima koja stoji spram svetla, slabašnog ali sasvim dovoljnog. I u trenutku kada taj gad napokon

dokonava da je s pregovorima završeno i da je kucnuo čas da pređe s reči na dela, ukratko rečeno u trenu u kojem izgovara: e sad mi je već pun kurac, i celim telom se baca na tebe i ti urlaš pokušavajući da nanišaniš, u tom trenu pretiče te kuka koja doleće klizeći kao na tračnicama kakvog luna-parka, i ti se po prvi put suočavaš s misterijom jedne posledice bez vidnog uzroka, posledice oličene u Pretananceu koji se strovaljuje potkrepivši to jednim... pun kurac.
Kakva rečita mladež kaže čuvar i sasvim polako izranja iz mraka, jesi li povređen, Santino?, ne, nisi povređen, ali još ne možeš da dođeš k sebi... je l' sam ga ja to ubio? pitaš, nisi odgovara čuvar dižući svetiljku sa zemlje, dakle nije mrtav?, ne umire se tako lako, i prilazi telu koje leži potrbuške, osvetljava krv i kuku koja se još uvek klati, biće da je mrtav, onda ste ga vi ubili?, bio je to nesrećan slučaj kaže čuvar, desilo se. Nesrećan slučaj, razmišljaš, vraga nesrećan slučaj, sada ste zaista nadrljali vas dvojica, čuvar još i više od tebe, mora da je to razlog što ne peva, verovatno razmišlja, a u međuvremenu ti uzima pištolj iz ruke; taman sam pregovarao, kažeš, zar niste mogli da sačekate? nije bilo smišljeno, odgovara čuvar, naprosto se desilo, kuka je bila tu nadohvat ruke, a je l' vi znate da ako je ovaj ovde mrtav a oni tamo doznaju da je umro ovde kod vas, da će vas ubiti? i znate li još da ako nije mrtav da će vas on lično ubiti? Naravno da znam, razmišljao sam o tome, naravno, još ranije, razmišljao sam da bi mogli ovde da ga smestimo, mesta ima koliko voliš, ali kako ovde? pitaš, čuvar računa, koliko mi se čini danas je 28 avgust, u stvari sada je već 29, može se smestiti u 241, je l' vi to 'oćete da ga metnete u grob?, a gde bi drugde, nismo mi doktori pa da utvrđujemo je li mrtav ili živ, biće da je mrtav, biće da se zatekao na groblju, treba ga sahraniti. Ali vi to nikad niste radili, ne, nisam ali znam kako se radi, *ispek'o sam znanje, izučio nauk, pametan sam momak i lepo se nosim,* reči i muzika od nepoznatog autora.

I dok čuvar ide prema čekrku i zastaje na trenutak nad Pretananceom, tebi prolazi kroz glavu kako bi ti bolje bilo da zbrišeš, i to smesta, ali čuvar se saginje nad njim i sada te razočaran doziva, ne možemo da ga stavimo u onu koja mu pripada, kaže, suviše je daleko, točkovi na čekrku su skroz zarđali, nećemo uspeti da ga donde odguramo, moraćemo da ga stavimo u ovu koja je bliža, u 301, šteta. Podiže sa zemlje jedno gvozdeno uže, kači ga o kuku koja visi na čekrku, bi l' mi malo pomogao Santino, ima tu dosta posla, treba dovući kuku, proturiti uže kroz sva tri prstena, pokrenuti rukom točak na čekrku, i on sasvim zarđao, vas dvojica sve to revnosno obavljate ne gledajući jedan u drugog, osluškujući pri tom cviljenje mehanizma, krckanje kamena koji prvo odoleva a onda se otčepljuje uz mukli usisaj vazduha od kojeg te podilaze žmarci, i počinje da se diže klateći se. Čuvar gvozdenim klinom zakoči točak; saginje se nad Pretananceom, *sa zemlje sada moramo ga dići, ti za noge hvataj, ja ću za tintaru,* muzika od Biskardija, reči od Miljorata, reči koje vas dvoje sprovodite u delo, joj što je težak ovaj gad kažeš, i umesto da normalno hodaš odižući stopala ti ih gotovo vučeš po tim pločama od sivog vulkanskog kamena, uostalom razdaljina je tako mala, čuvar već stoji iznad rake, osvetljava njenu unutrašnjost, neka tišina, neki ponor tamo dole u koji od užasa ne smeš ni da pogledaš, čak i Pretananceova glava već nestaje u tom bezdanu, *već je tamna pala noć al' tuda se mora proć',* stari Kaprijev motiv šapuće čuvar, potom prelazi na tvoju stranu kako bi ti pomogao, zajedno mu dižete noge, gurate to telo s glavom nadole, okomito, tebi se na trenutak učini da su se noge praćaknule, uobrazilja Santino, to je samo sila teže koja ti ih sad otima iz ruku, ali nije uobrazilja onaj urlik koji prati propadanje tog tela kroz raku niti zvuk tupog udarca koji ga prekida.

Narodno groblje je bilo otvoreno od 1762. do 1890. godine. Imena onih koje je udomilo bila su zapisana u opštinske knjige kojima se naknadno izgubio svaki trag.

Arhitekta Fuga, nakon Groblja od trista šezdeset šest raka, izgradio je i svoju poslednju građevinu od društvenog značaja, Žitnicu u ulici dei Portići, osamdeset sedam pravougaonih ćelija za čuvanje žita. Umro je u osamdeset trećoj godini.

Eto, Santino, gotovo je, kaže čuvar otkočivši točak na čekrku i spuštajući kamen; potom se saginje kako bi ga prekrio nadgrobnom pločom, ali pre nego što ga konačno zatvara u taj procep baca pištolj; *položite ga kraj mene, hoću da makar mrtva počivam s kraljem tim*, zar ni ovu ne znaš Santino, ovo je bolero, Santino?... Kud si se denuo? Santino?...

Već si preskočio zid, trčiš niz nasip, obuzdavaš korak na nizbrdici. Ko bi rekao da ti se nešto dogodilo, ili da ti imaš ikakve veze s onim što se dogodilo, hitaš ka svetlima koja nestaju progutana tamnom prugom mora. Opet te okružuju zvuci, miluje te toplina noći.

DILLON BAY

Bilo je prilično lako stići donde, u predviđenom roku i sa umerenim gubicima. Svaki čas bi poneko od mojih nagazio na minu; iz zemlje bi tada štrcnuo plavičasti dim i vojnik bi se zaustavio, okrećući se da me pogleda kao da želi da kaže: „Žao mi je." Narednik bi izvadio sveščicu i beležio njegovu pogibiju; a ovaj, otresavši gar s uniforme, nastavio bi da hoda. Svima sam objasnio da kada minsko polje treba preći ovako brzo te nema dovoljno vremena da se upotrebe detektori, jedino što nam preostaje je da sledimo zamišljenu putanju rakete. Tu trasu valja usmeriti ka bilo kojem cilju: na primer drvetu, vrhu brežuljka, i trčati u pravoj liniji ka toj tački.

Prolazili smo između žbunova kleke i retkog drveća, trčali smo povijeni ne toliko zbog mogućeg napada protivničke artiljerije, koliko zbog zaglušujuće buke naših lovaca u brišućem letu. Dolazili su nam otpozadi, uostalom trebalo je da nas pokrivaju; bili su tako brzi da bismo ih prvo ugledali kako nas preleću, bljujući užarenu vatru, a tek potom čuli tutnjavu reaktora, kad su već bili iznad brežuljka po kojem su prštali zemlja i kamenje, i nestajali bočno. To je između ostalog bio razlog što nismo mogli brže da napredujemo i što smo morali da se krećemo umerenim ritmom: polako ali ne suviše, kako bismo ispoštovali plan, brzo ali ne toliko da stignemo do brežuljka pre nego što se završi akcija pokrivanja, skopčana s rizikom da budemo zasuti pravim bombama. Sve u svemu, trebalo je malo napregnuti mozak ali nije bilo suviše teško.

Sada smo u podnožju brežuljka čekali da šoferi sa piste dovezu četiri džipa s opremom, elektronikom i radio stanicom. Napredovali su preko čistine, jedan iza drugog, mileći; ja sam stajao oslonjen o drvo, skrštenih ruku, i gledao u vodnika u prvom džipu koji je vozio nagnut prema vetrobranu, sa jezikom među zubima, možda od napora da se uživi u situaciju, a možda da bi na vreme opazio mine.

Narednik je sedeo na panju pokraj mene, sa travkom u ustima; prelistavao je svoju sveščicu, prozivao desetak vojnika koji su rame uz rame stajali oko njega, i povremeno bi nakon imena dodao: „Poginuo", tiho i ne dižući pogled. Groblje na kojem su počivali ti pali vojnici nalazilo se isključivo u njegovoj sveščici, gde je naša misija bila podeljena po staništima, deonicama, etapama, svaka sa odgovarajućim obračunima. Meni ništa nije branilo da ponovo upotrebim izginule vojnike a uostalom, niko od nas zapravo neće biti suočen sa smrću. Komandovao sam jednom patrolom koja se neprekidno samoobnavljala, patrolom koja se odlikovala besmrtnošću.

Kada je stigao i poslednji džip zamolio sam operatora da mi izradi fotogram-metriju brežuljka. Gledam vojnike kako skidaju poklopac s tastature, potom isprobavaju radio linije; to rade s izvesnim uzbuđenjem, kao da nisu baš sasvim sigurni da uređaji funkcionišu i u operativnim zonama. U pozadini, na suprotnoj strani doline, naši brzi tenkovi zanoseći se klize po travi, prema ciljevima koje sam mogao da zamislim, daleko odavde. Od ovog trenutka potpuno smo sami, u panorami zažarenoj od žutih i zelenih tonova. Verovatno ćemo proveriti kartografiju, obeležićemo reljef; identifikovaćemo zamišljena prisustva, pogodićemo ciljeve koji su samo oznaka na uređajima, zauzećemo rezultantu dve koordinate i ispaliti crvenu raketu koja se po svemu sudeći nalazila tu negde na brežuljku. Mnogo manje od onog što umemo, ali će barem delovati uverljivo.

Izdajem naređenje poručniku: „Otvorite poslednju kovertu". On traži pogodnu ivicu, pored pečata s imenom vežbe: *Light Knowledge*. Ja čekam u tišini; pitam se ko smišlja te nazive i u kakvoj su oni vezi s našim vežbama. Uostalom, *Light Knowledge* bi moglo značiti spoznaja svetla, svetlosna spoznaja, laka spoznaja.

Poručnik mi pruži jedan veliki ispresavijani list papira, sa samo dva reda u sredini, ispisana štampanim slovima. Svaka reč je bila jasna, ali mi je izmicala suština. U prvom redu je faktički pisalo da treba da pređemo preko brežuljka, spustimo se niz padinu na suprotnoj strani, stignemo do „cilja i osposobimo ga za upotrebu". U drugom da je predviđena „tehnička ispomoć". O cilju i ispomoći nije ništa više pisalo; cilj se zvao *Dillon Bay,* i nije se znalo šta predstavlja. Što se ispomoći tiče misterija je bila potpuna.

U međuvremenu vojnici i narednik su se primakli; posmatraju papir koji držim u ruci, posmatraju tanku perforiranu traku koja se uvrće oko sebe kod operatora. Samo im se oči pokreću. Na neki nemušti način, gotovo nagonski, svi oni znaju kada je nešto u redu a kada nije, i prekraćuju vreme trudeći se da delove povežu u celinu; isto kao što slepo veruju da sam ja kadar da rešim svaki problem i da zahvaljujući svom činu znam bezmalo sve.

Izbegavam njihove poglede, predajem list naredniku kako bi ga pohranio u kartoteku, kažem: „Ima li smetnji na ovom delu misije?" On se pravi da proverava tabelu koju je verovatno već iščitao od prvog do poslednjeg slova: „Stigli smo do završnog dela, sada je sve mnogo teže. Nemamo radio-vezu na početku. Samo teleks sa kartografijom. Osim toga vaši zahtevi stižu negativnim redosledom".

„Negativnim u odnosu na šta?"

Narednik ponovo gleda u tabelu: „Ne znam, kapetane. Očekujete li materijal?"

„Uopšte ne znam šta očekujem".

On traži sigurniji teren: „Ukratko rečeno, ako ne budete izdavali naređenja obrnutim redom, a više i ne možete da ih izdajete budući da nemamo radio-vezu, materijal će stići".

Osećao sam izvesnu napetost u svima njima i želeo sam da to prekratim. Rekoh naredniku da naglas pročita naredbu, on to učini. Samo što je završio upita šta je to *Dillon Bay* i tehnička ispomoć. Operator, iz džipa, tiho reče: „Evo ga, na ekranu je". Izvlačio je traku i perforirana mesta na hartiji ubrzano su se pretvarala u zelene vodoravne linije, krivulje terena, altimetrijske kvote, reljef i konfiguraciju brežuljka, raznobojne cifre, oznake vegetacije preko kojih je vijugala jedna deblja linija protežući se sve do zvezdice pored koje je pisalo *Dillon Bay*. Pogledao sam brojeve u pravilniku naše misije; brzina kojom su se pojavljivali, zajedno sa sastavom patrole sa svim imenima i činovima, unosila je neki umirujući osećaj realnosti, temeljno je i cinično umanjivala neizvesnost. „Da li treba da osposobimo za upotrebu jednu zvezdicu?" upita poručnik.

Umeli smo da dešifrujemo sve simbole, uključujući i znak koji se pojavljivao i nestajao pokraj vijugave putanje označavajući tačke u kojima bi nas neki pretpostavljeni neprijatelj mogao videti i one, nasuprot, u kojima smo bili zaklonjeni rastinjem; ali još niko od nas na vojnoj karti nije video jednu ovakvu oznaku, nalik zvezdici.

Otkako sam saznao šta je konačni zadatak naše misije, u vidu jedne čudnovato neodređene i bespogovorne naredbe, pokušavam da zamislim cilj, sklapajući elemente koje potom odbacujem. Znam da i poručnika i narednika, tamo u njihovim džipovima, dok se velikom brzinom uspinjemo prašnjavim drumom, muče iste misli. Osećam da u ovom trenutku u narednikovom mentalnom sklopu škljocaju spojke i on razmišlja: „Neće biti da je most, budući da ovde nema reke. Nije ni železnička pruga, budući da nije označena na karti. Osim ako nije nadvožnjak, ali zvezdica se nalazi na samom kraju puta." Znam da se poručnik pita: „Da nije možda silos? Ne, čak i u okviru jedne evropske vojne vežbe kao što je ova ne dopuštaju nam da se približimo tim stvarima, u to se ne dira". Znam da su i vojnici takođe radoznali, ali samo donekle, sada se uglavnom zabavljaju jurcajući džipovima, kao i vodnik koji upravlja mojim džipom, sekući krivine i dodajući gas na uzbrdici, menjajući brzine. Nema sumnje da dokle god budem zamišljao ono što zamišljaju drugi, neću uspeti da se usredsredim na svoju zamisao, da uobličim scenario, da predvidim, da spontano dođem do onoga što treba da učinim, i najzad da učinim ono što svi od mene očekuju.

Prelazimo preko jedne nedavno bombardovane uzvišice, trebalo bi da vidim prevrnute neprijateljske topove, ljudska tela razbacana uokolo, razbijene položaje, jedan zadivljujući pomak u prostoru koji nesumnjivo sledi nakon takvih stvari. Mogli smo nabasati i na grupice koje su i dalje pružale otpor; zbog toga sam naredio da se održi razmak između džipova, naloživši naredniku da u svom džipu aktivira uređaj koji je toplotu ljudskog tela na nekoliko milja udaljenosti pretvarao u termičku sliku na ekranu, nama vidljive obrise. Napredovali smo kroz gustu mrežu signala koji su nam odnekud stizali, a koje nismo mi odašiljali; ali što se vidljivosti tiče bili smo u prednosti. Bilo je predivno septembarsko popodne, s nekom bledožutom bistrom svetlošću koja je činila prozirnom zelenu boju javorova, kestenova, jednog divljeg i miroljubivog rastinja.

Čuo sam neku ritmičnu, pravilnu tutnjavu; bilo je teško razlikovati je od motora džipa, i isprva sam pomislio da je u pitanju neki kvar. Osvrnuo sam se prema vojniku za radiom, koji mi je bio okrenut leđima, pognut nad aparatom i sa slušalicama na ušima. Pružio sam ruku, polako; izvukao sam priključak iz slušalica. Vojnik se zanese unazad kao da ga je neko udario, dok se muzika zaori ravno iz zvučnika. Pogledao me je pokajnički; i ja sam njega pogledao, ništa ne rekavši.

Odmicali smo uz povoljan vetar, već smo gotovo bili na vrhu brežuljka; u krivinama bih bacio pogled na malu kolonu džipova iza nas, sa dugačkim antenama koje su se klatile.

Po izlasku iz jedne veoma oštre krivine na uzbrdici vodnik iznenada zakoči, ja se odupreh rukama o vetrobran; vojnik za radiom nije znao gde da se uhvati pa se sručio na mene. Nađosmo se sa džipom popreko, na ivici jednog gotovo pravilnog kružnog kratera koji je jednom svojom polovinom progutao tri četvrtine puta; druga polovina kratera zahvatala je šumu, okruživalo ju je nagorelo šiblje. Vojnik između sedišta reče „Izvinite", i pokuša da se pridigne; vodnik je izašao, trči unazad kako bi upozorio ostale. Ja zagledam to crno grotlo od visokotoplotne bombe koju su u akciji pokrivanja izbacili naši avioni.

Neko vreme smo stajali. Narednik je sprovodio džipove uz samu ivicu kratera; saginjao se do zemlje, dizao, proveravao spram svetla položaj točkova, snažno dlanom udarao u blatobrane tik pored svoje glave.

Krenuo sam pešice, praćen dvojicom vojnika i poručnikom, skrenuvši s druma i presekavši prema vrhu brežuljka. Bila je to jedna goletna uzvišica, vetrovita, bez ikakvog zaklona. Poručnik i vojnici potrčaše, potom se iznenada zaustaviše, zatečeni horizontom koji se protezao u nedogled. Priđoh i ja i pogledah dole, uz zaglušujuće fijukanje vetra. Tako iz visine, usled kružnog rasporeda njenih šiljaka, vrhova, trouglova jedan povrh drugog, uistinu je ličila na zvezdu, ali i na ružu vetrova, sa šiljcima okrenutim prema svakoj od planina koje su je okružavale. Kako god da je bio označen, naš cilj u koji smo upravo gledali bila je jedna tvrđava. Niska, geometrijska, masivna. Bila je to jedina veštačka forma dokle god pogled seže, bela; nešto nalik ogromnoj mašini smeštenoj na ravnu površinu, a unaokolo planine sa svih strana osim sa jedne, gde je vijugao klanac. Nije bilo ni traga od mora, ali svak bi se složio da joj je ime *Dillon Bay* u potpunosti pristajalo.

„Da li je ovo cilj?" pita poručnik.

„Da, mislim da jeste".

„A je l' vi znate čemu služi?" pita on uz širok pokret ruke, kao da se obraća velikom auditorijumu.

Slegnuh ramenima, uzdahnuh ne odgovorivši. Dva vojnika pilje u tvrđavu kao da je vasionski brod. Poručnik zuri u neku tačku između nas i tvrđave. Ja ne gledam nigde, pokušavam da zamislim. Kažem: „Hajdemo dole".

Džipovi silaze lagano, jer je put sve uži, obrastao travom koja se zapliće u poluosovine. Narednik, kada sam mu saopštio da treba da „osposobimo za upotrebu" jednu tvrđavu, htede po svaku cenu da pređe u moj džip. Smestio se pozadi, izbacivši vojnika za radiom; urlao mi je u uvo da bi nadjačao buku motora. Nabrajao je sve ono što ćemo morati da uradimo kad tamo stignemo; pitao se da li je baš to ono što treba da uradimo, i kako ćemo to uspeti da uradimo sa materijalom kojim raspolažemo. Stalno je iznova po tačkama nabrajao stvari koje je trebalo obaviti, počinjući svaki put od različite tačke. Jadao se, ponavljao: „Zašto nisam sa sobom poneo didaktiku?" Tražio je levo i desno, kao da ju je mogao naći u džipu. Vikao je, zapitkivao me da li ga čujem. Odgovarao sam mu sa da ne okrećući se. Govorio je: „Vi ste mnogo mladi, kapetane"; ja sam bio zbunjen njegovim dahom za svojim vratom i u svom uvetu. Nakon svake krivine tvrđava je postajala sve impozantnija. Meni se činilo da nikad nećemo stići.

Ima već nekoliko minuta kako je posmatramo izbliza, nepomični ispred portala do kojeg više nije vodio nikakav most, onemogućeni dubokim jarkom, punim šiblja. Nije toliko bela kao što nam se to isprva učinilo; više je siva, prošarana. Svaki čas se izmičemo unazad kako bi je bolje sagledali; svako od nas u sebi savlađuje oprečna osećanja i niko ne želi da progovori. Sa radija koji je ostao upaljen u džipu dopiru neke vojne poruke, ali nisu namenjene nama; komunikacija između aviona i tenkova, između komande i položaja, tamo daleko, gde se nalaze svi ostali. Naređujem dvojici vojnika da razapnu most od užadi; potom se obraćam naredniku i patroli: „Dođite, idemo da je obiđemo". Ostajemo s ove strane jarka, na nasipu koji prati liniju bedema. Hodamo duž izbočina i udubljenja, ispusta ka spolja i ka unutra, dugačkih konkavnih ili konveksnih površina. Na svim bedemima mogu se videti useci, kao od probijanja; tu i tamo razrušen je poneki zid, oko njega leže hrpice odronjenog kamenja obraslog stričkom i korovom. Nema kruništa već jedan zaobljeni obrub, savremeniji, iz bedema vire šiljci koji pripadaju unutrašnjim konstrukcijama što ostavlja utisak kao da neko nišani iz zaklona. Narednik pažljivo osmatra praveći neke obračune, procenjujući; piše po papirima pričvršćenim štipaljkom za kartonsku podlogu. Kaže: „Ne znam koliko materijala mogu da nam pošalju, ovako ništa nećemo uraditi".

Osnova mora da je bila jedan dodekaedar, na koji su postavili drugi dodekaedar, zakrenuvši ga međutim za nekoliko stepeni što je umnožilo stranice, tako da je punoća jedne ispunjavala prazninu druge. Tu i tamo je pridodat poneki trougao, koji je štrčao iz tela tvrđave. Nije se moglo reći da joj je nedostajalo draži; bilo je u njoj nečeg postojanog, spokojnog i moćnog, a razrušeni zidovi samo su joj smekšavali konture. „Podseća me na izvesne gravire iz doba romantizma", reče poručnik. „Dobro. Uđimo unutra", odgovorih.

Razdvojismo se, narednik se zaposleno uputi u njenu mračnu i vlažnu unutrašnjost; vidimo ga kako iskrsava i ponovo nestaje na sasvim suprotnim punktovima, praćen vojnicima kojima izdaje naređenja da provere ovo ili ono. Svaki čas me traži na platou u središtu tvrđave, viče nešto iz daljine, odmahujući glavom. Ja i poručnik hodamo po kosim površinama, obraslim travom i mahovinom; ulazimo u konstrukcije postavljene jedne povrh drugih, gotovo sve bez prozora, samo sa lukovima i lučnim svodovima. Prolazeći ispod jednog od njih zapažam da je sve mnogo manje od normalnog, ali srazmerno u odnosu na celinu, poput kakve scenografije. Silazimo, penjemo se, hodamo kroz prolaze sada već bez ikakve orijentacije. To nije kuća, već mašina: hodnici i rovovi su cevi, zavoji spojnice, stepenice zupčanici, barutane komore s unutrašnjim sagorevanjem. Osećao sam se kao da sam u središtu kakvog topa.

Nakon poslednje rampe izađosmo na zidine. Odozgo gledam planine koje nas okružuju, puste i tamnozelene; sunčevi zraci probiše se kroz klanac, ošinuše zidine poput sečiva, zabiše se u kameni sat koji tek sada, osvrnuvši se da vidimo gde padaju zraci, otkrivamo na jednom tornju.

Poručnik reče: „Baš čudno, sunčani sat koji radi obrnuto. Hoću da kažem ne na senku već na svetlost".

Klimnuh glavom, bez reči. Razmišljao sam o toj pojavi koja se ponavlja svaki dan u potpunom odsustvu pogleda, budući da nema ko da je vidi. Razmišljao sam kako tvrđava poseduje neko svoje dostojanstvo.

Ponovo smo svi bili napolju. Ispijali smo topao čaj i kafu, sedeći u džipovima ili naslonjeni na blatobrane. Misli su nam bile raštrkane i svako je sledio svoje.

„Ja lično bih se usredsredio na artiljeriju – kaže narednik, kao da se nadovezuje na neko izlaganje u kojem se zastupalo suprotno mišljenje. – Ojačajmo rampe za gađanje, snizimo ravni za automatske topove s radarom za nadziranje i radarom za treking. Logistički centar za komunikacije i komandni centar mogli bismo da smestimo u bunkere na platou. Treba postaviti metalni most preko jarka. Pomoću nekoliko utovarnih rampi prenećemo materijal do tornjeva; ako bi nam laka avijacija poslala helikopter mogli bismo ga iskoristiti kao dizalicu. Ništa kreč, ništa cement. Upotrebićemo držače, čitav posao ćemo završiti pomoću skela i kuka, to je jedini način. Nadam se da shvatate da nije moguće izvršiti

statičnu kolaudaciju, moraćemo da se oslonimo na obračune. Potom valja sačekati probni napad pa ako sve bude u redu vraćamo se kući". Narednik bi svaku etapu svog programa propratio žustrim pokretima ruku, postavljajući ih u vertikalan pa u horizontalan položaj, sekući njima vazduh, hvatajući u njihov zagrljaj razne delove neba. Na kraju reče: „Kako vam se čini?"
„Odlično", odgovorio sam.
„Da – umeša se poručnik – to su manje ili više one ideje koje su i u meni sazrele".

Ne znam da li su mu zaista sazrele, ali bilo mi je sasvim jasno da tvrđavu treba da pojmimo isključivo kao polaznu pretpostavku; „osposobiti je za upotrebu" značilo je, između ostalog i zbog vremenskog tesnaca, zanemariti razloge njene forme, uzeti ono što je mogla da ponudi, na brzinu organizovati prostor kako bi postao funkcionalan, ostaviti je takvu kakva jeste i preneti unutra naše stvari. Pokušavam da je zamislim kako će uskoro izgledati: pomalo oronula, sa kablovima raspoređenim prema nekoj našoj geometriji svrhovitosti, ucrtanoj u geometriju tvrđave, ali njoj ipak stranoj.

„Što se tiče instalacija – kažem naredniku – slažem se. Samo, ne verujem da ćemo dobiti sav taj materijal".
„Pa dobro, možemo se nečeg i odreći".

Čekamo tehničku ispomoć. Narednik pravi nekoliko skica za nosače za most. I poručnik se takođe latio crtanja; prelazi pogledom od tvrđave do papira i obrnuto, usredsređen prevashodno na puzavice koje se spuštaju niz bedeme poput vodopada. Sa operativne tačke gledišta imam veoma jasne zamisli još od početka, ali mi izmiče celina; pažnju mi odvlače mišari gore visoko na nebu, ili pokušaji da u jednom treptaju oka pronađem detelinu sa četiri lista. To je nešto što mi uvek uspeva, u određenom trenutku naprosto osetim da je detelina tu, kada je s pažnjom tražim nikada je ne nađem.

Helikopter se pojavio na instrumentima znatno pre nego što se čulo njegovo brujanje. Narednik reče: „Evo ga materijal!" Ja sam naložio da se ispale dimni signali u boji i naredio vojnicima da budu pripravni. Trenutak kasnije helikopter uđe u klanac između planina kao da skreće u kakvu poprečnu uličicu, projezdi iznad nas, dodirnu tlo blago poskočivši.

Prilazim mu pridržavajući rukom kapu; jedan podoficir užurbano silazi mašući nekim papirom.

Viče: „Potpišite ovde!"

I ja vičem: „Za šta potpisujem? Prvo hoću da proverim materijal".

On daje neki znak ne okrećući se, pokazuje u pravcu jedne figure što stoji iza repne elise, nepomična u visokoj travi koja se talasa poput mora.

Podoficir ne odustaje: „Potpišite molim vas".

„Ali zašto?"

„Zato što smo došli ovamo. I to na vreme", odgovara.

Naškrabah svoj potpis ni ne gledajući u papir, pokušavam da razaznam osobu u daljini. Podoficir se užurbano penje u helikopter koji se odvaja od zemlje i diže u širokom luku, uklanjajući tako svaku prepreku između mene i figure okrenute leđima koja s torbom u ruci posmatra tvrđavu.

Idem ka njemu verujući da će se okrenuti. Budući da je i dalje nepomičan prilazim mu sa strane zaustavljajući se na rubu njegovog vidnog polja u čijem je centru tvrđava. Visok je, mršav, sa sedom kosom proređenom na slepoočnicama, prefinjenog profila, otmen čak i u maskirnoj uniformi koja mu je pomalo preširoka, ispresecanoj naborima koji svedoče da je tek nedavno izvučena iz fioke. Pogledom tražim čin i ime iznad džepa.

Kažem: „Gospodine?"

On se ne pomera: „Čudesna je, zar ne?"

„Da. I nama se dopala".

„Da li ste vi nadležni oficir ovde?" pita ne skidajući pogled s tvrđave.

„Da, ja sam kapetan..."

Prekide me usred rečenice, odsutno pruža ruku: „Pukovnik Rozelani".

„Mi smo zapravo očekivali tehničku ispomoć".

„Ja sam vaša tehnička ispomoć, kapetane... Marni", napokon se okrete i pogleda me svojim začuđujuće pozornim pogledom.

Ostali stoje dva do tri koraka iza nas; odmeravaju pukovnika i njegovu torbu kao da nisu sasvim sigurni šta da očekuju, narednik baca poslednji pogled prema helikopteru koji je već visoko iznad planina. Potom salutiraju.

„Da li ste već bili unutra?" pita pukovnik odgovarajući na njihov pozdrav klimanjem glave.

„Da – kažem. – Izvršili smo uviđaj. Potom smo požurili napolje".

„Mogu to da razumem".

Poručnik stidljivo koraknu prema nama: „Pripremili smo i plan dejstava".

„Dejstava na čemu?" pita pukovnik jedva primetno zažmirivši.

„Na tvrđavi – odgovara poručnik. – U ovakvim uslovima ne može se bog zna šta učiniti, to uostalom zavisi i od vrste naoružanja, ali i..."

„Kakvog naoružanja?" prekide ga pukovnik.

„Čujte – kažem – ja sam dobio naredbu da cilj osposobim za upotrebu. Taj cilj je tvrđava. Pojma nemam šta žele od nas. Pojma nemam kakav će mi materijal poslati".

On se smeši: „Ali kapetane, nećete dobiti nikakav materijal". Potom kaže: „Dođite".

Ide prema mostu od užadi. Narednik trči ispred nas, hvata rukama nedovoljno zategnute konopce, kako bi sprečio ljuljanje. Kaže: „Razmišljali smo i o Bekerovom mostu, ovde, ispod portala".

Pukovnik trepnu, potom tiho kaže: „Zove se barbakana".

Kada stigosmo do kraja mosta on se osvrnu, pogleda u poručnika koji je krenuo za nama, kaže: „Ne. Za sada samo kapetan".

Šetamo po platou, on posmatra bunkere, unutrašnjost bedema, puškarnice, podzemne hodnike, kao da se oni u potpunosti poklapaju s nekom njegovom predstavom, kao da ih prepoznaje. A onda me pogleda, reče tiho: „Vi ste već shvatili. Zašto to niste rekli svojim ljudima?"

Sležem ramenima: „Zato što nisam bio siguran".

Prelazi pogledom preko građevine: „Jasno je da vi ne treba ništa da osposobite za upotrebu. Nema potrebe da pomerite ni jedan jedini kamen. Vi treba da se potrudite da osposobite samog sebe".

„Da, pomislio sam da se radi o tako nečem", promrmljah sebi u bradu.

Nije bio tip čoveka koji je pridavao suviše važnosti činovima. Hodao je opušteno, s animalnom spontanošću, neizveštačenom, i dok se kretao i pričao svaki čas bi rukom pokazivao levo-desno: „Eno je konzola", „eno ga remen", „eno ga klin", „eno ga jahač", „eno kruništa", „eno zastora". Ti nazivi su označavali ravne ili zakrivljene oblike, vijugave ili oštre ivice kojima se tvrđava pregibala u prostoru, male uzdignute ili prizemne konstrukcije od kojih je svaka nečemu služila: za zaštitu ljudi, za skladištenje materijala, za osmatranje, za pucanje. Samo, izgledalo je da ti nazivi potiču iz jednog jedinog jezgra; delovi tvrđave zvali su se kao oruđa kojima je izgrađena, grlo je bilo ono grlo klanca napolju, između planina, ali i toranj sa otvorenom unutrašnjom stranom; jahač je bio protivnički napadač, ali i neka vrsta bunkera uzjahalog na hrbat zidina koji je služio za odbranu od njegovog napada; klešta su bila klešta, ali i vrsta vojne operacije, a takođe i oniži zidić u obliku strele, ukleštan među zidinama, koji je štrčao iz bedema i koji mi je on upravo pokazivao. Sve u svemu, imao sam utisak da ta oskudica imena pripada jednom dobu u kojem je ljudsko telo bilo mera, za sve stvari, kako za proporcije tako i za pojave, te se prema tom telu, čak i kada je trebalo zaštiti ga ili pak uništiti, ravnalo sve ostalo.

Pukovnik reče: „Da, to je na izvestan način tačno. Oni su manje-više tako razmišljali; utvrđenje su zvali glava, bočne zidine oči, postolja za topove ruke, kanale za prepade noge. Govorili bi da je određeno mesto, vrh neke planine, utroba neke doline, obolelo; verovali su da je njegova boljka urođena, a da bi ga izlečili na tom mestu su gradili tvrđavu."

Vodi me do jedne puškarnice, pokazuje predeo koji nas okružuje: „Možete li da pretpostavite od koje bolesti boluje ovo mesto?"

Gledam planine, gusto rastinje koje se spušta, postajući sve proređenije, do čistine gde vojnici lenjo stoje oko džipova; daleko grlo klanca, nebo koje već poprima zagasitiju nijansu. Kažem: „Ne. Ne znam. Ne bih znao".

„Šteta", odgovara, nastavljajući da hoda.

Pravilnim korakom penje se uz spiralne stepenice ne pokazujući znake zamora; zagleda sitne detalje, kao što su sastavi između kamenja, visina stepenika, krivulja spirale; sve to beleži ali čini se da svaki detalj potvrđuje njegova očekivanja, i da ta potvrda na kraju krajeva i nije toliko važna. Kada se popesmo na zidine okrete se ka unutrašnjosti tvrđave obuhvatajući je samo jednim pogledom. Reče: „Sve je počelo od kruga ispisanog šestarom. Potom su iskrsli problemi: šta staviti unutra? Petougao? Šestougao? Neku figuru sa još više strana? Što je figura imala više strana to je, naravno, bilo više i uglova; što je više bilo uglova to su ti uglovi bili tuplji; što su uglovi bili tuplji to su zidovi bili razuđeniji, manje izloženi udarcima."

Prekinuo je da razrađuje tu sliku, potom reče: „Sve vreme su samo raspravljali da li je bolje da uglovi budu oštri ili tupi, da bude mnogo ili malo strana, da one budu kratke ili dugačke, posve ravne ili zakrivljene. Svaki ugao prema spolja gradio je mrtav ugao na unutra, gde koncentrična paljba sa zidina nije mogla da dopre. Odozdo su mogli da se prikradu neprijatelji, jer su tu ispod zidina bili zaklonjeni; dizali su merdevine, pravili brdašca od zemlje, bušili rupe u zidinama, podmetali eksploziv. Nije bilo lako napraviti tvrđavu, nije je bilo lako smisliti; a svaka pogrešna zamisao u vezi s njenim oblikom uzrokovala je ratnu katastrofu".

Pratio sam pukovnika u obilasku; pričajući, on nije pokazivao ni na šta određeno; držao je ruke u džepovima uniforme i govorio poverljivim tonom, kao da pripoveda nešto veoma lično što je već više puta do u tančine pretresao. „Ne želim da vam dosađujem – reče zastavši na trenutak – ali vi treba da shvatite da sam ja ovde došao sa veoma jasnim ciljem. Voleo bih da vas dovedem dotle da prestanete da shvatate, prestanete da zamišljate; hteo bih da vas navedem da počnete da osećate".

Nasmeših se, rekoh: „Da, ali i ja imam svoja zaduženja, a vreme ističe".

„Ne brinite – odgovorio je – vi više ne treba ništa da činite, osim ovo na šta ja pokušavam da vas navedem. Uskoro će ovde biti jedan odred sa sasvim suprotnim uputstvima; vama je bilo naređeno da osposobite, njima će biti naređeno da napadnu, ali na kraju krajeva to je samo vežba, svi smo mi na istoj strani. Ispaliće nekoliko hitaca izdaleka i, što se nas tiče, *Light Knowledge* će se završiti".

Razmišljam o vojnicima, tamo dole; zamišljam njihovu zbunjenost, njihova pitanja. Iako ovo mesto nikada nije bilo bučno, sada mi sve deluje još tiše. Razaznajem narednika koji gleda uvis, prekrštenih ruku; pogledom prati obrub bedema, prateći naše kretanje.

Pukovnik nastavlja da hoda, ne okrećući se pokazuje neku tačku u sredini platoa: „Sve linije su polazile odatle, iz tog centra, širile su se zrakasto, išle ka spolja, ka temenima uglova. Druge linije, spoljne, spajale su ta temena među sobom; bile su to linije naznačene u crtežu, ali su kasnije počele da označavaju putanju kuršuma, smer paljbe. I tako se rezultanta jedne vrhunske matematike pretvorila u balističke putanje, u topovske hice. Ako su uglovi bili pogrešni, ako oblik nije posedovao harmoniju, nisu mogli da okreću topove, nisu mogli da ih uprave prema dole ili u stranu, postojalo je neko mesto gde bi neprijatelj bio toliko blizu, toliko ispod, toliko iznad da ga više nije bilo moguće pogoditi. Jedna loše iscrtana linija značila je bajonet u stomak, metak u čelo. Krivulje kruga, bisektrise, tangente, figure ucrtane jedna u drugoj: na početku je bio samo krug i njegov centar i sve je bilo moguće, ali čim su ucrtali prvu figuru iz toga se izrodilo sve ostalo: ukrstili bi dva suprotno okrenuta trougla i iz toga bi nastala zvezda, spojili bi temena i nastao bi šestougao, u praznom prostoru između vrhova, samo zato što su bili nacrtani, sami od sebe stvarali su se trapezi, a tu su bile i one praznine koje su mamile napadače; tvrđava je počela da se širi ka spolja, u talasima, ponavljajući naizmenično istu formu; ili se, na isti način, skupljala na unutra. Tvrđava je počela da pulsira".

Sunce je zašlo za brežuljke i svetlost je sada dopirala u odbljesku, sa zracima koji su se probijali kroz neku sivoplavu gustinu. I pukovnikove reči su dopirale na isti način: ne znam da li je to bilo zbog osmeha koji bi osenčio svaku rečenicu ili zbog omamljujućeg glasa, tek njegove misli kao da su se oblikovale na površini njegove ličnosti, i tu su ostajale izdvojene, viseći poput kapljica. Ja sam se trudio da ih povežem s onim što sam video pred sobom: konture bedema, zaobljenog kako bi se smanjila površina izložena kuršumima, masivne konstrukcije razapete oštrim uglovima, zelene površine gde je uporna mahovina rasla u tankim pramenovima.

Pukovnik mi dotače ruku: „Morali biste o svemu ovome da razmišljate kao o skupu odnosa, morali biste pokušati da to tako osetite. Kada su jednom odredili oblik, to jest broj, osnovnu veličinu, ono što je posle došlo bili su činioci. Sama tvrđava bila je na neki svoj način jedan veliki sadržalac, umnožitelj snage i vremena. Njeno oružje bilo je otezanje, njena snaga u stvaranju sporosti, u rastezanju vremena, u produžavanju njegovog trajanja sve dok ne postane bezopasno. Bilo je vojski koje su želele da dopru pravo u srce neke oblasti, trebalo ih je zamajati i dobiti u vremenu".

Uverivši se da ga pažljivo slušam nastavi: „Rekao sam vam da je sve nastajalo iznutra, i to je istina; međutim sve promene su dolazile spolja. Bilo je neprijateljskih kuršuma koji su određivali oblik bedema: paljba s boka, zabijajuća paljba, paljba iskosa, direktna paljba, svaku putanju, svaku vrstu paljbe treba da zamislite kao hice ka tvrđavi, ka njenom središtu; linije koje su brusile bedeme, ili ih tupile ili činile zašiljenijim ili pak zdepastijim. Sve se skupljalo, ili se sve širilo, prema prilici".

Ukrstio je prste ispruživši ruke, čas ih je približavao a čas udaljavao od sebe oblikujući u vazduhu nešto poput širokog ili pak uzanog brodskog pramca.

Ja sam počeo da poimam tvrđavu kao kakav prag između onog spolja i onog unutra, kao kakvu granicu koja se pomera kroz prostor, rasteže, neprekidno pregiba ovamo-onamo. Počeo sam da poimam tvrđavu kao nešto ne baš toliko kruto.

To mu i rekoh, on odgovori: „Da, to je u izvesnom smislu tačno. Uostalom sve se svaki čas moglo preokrenuti: neprijatelji su mogli izvršiti proboj, prodreti unutra; ono što je zamišljeno da bude okrenuto ka spolja trebalo je osposobiti da se upotrebi i obrnuto, izokrenuti ga na unutra".

Pokazao je na jednu nisku konstrukciju, strelastog oblika, smeštenu duž spoljne ivice jarka: „Čak i onaj kaponir tamo služio je, ne toliko kao prethodnica, koliko da se sa leđa napadnu oni koji bi doprli do ispod samih zidina".

„Vidite – reče prošavši rukom kroz kosu, inače veoma uredno začešljanu – svaka izbočina ka spolja služila je da se zaštite ispusti ka unutra. Gradili su zidine da bi se zaštitili, zatvarali su se unutar njih; ali je onda trebalo postavljati predstraže, isturene ka spolja kako bi nadzirale ono što je unutra, trebalo je istovremeno biti i spolja, trebalo je videti se spolja, videti tvrđavu kako je vidi neprijatelj, boraveći pri tom unutar nje. Svaka konstrukcija morala je da bude osposobljena da osmatra i napadne ono ispred sebe, ali takođe da bude zaštićena i da zaštiti, da bude odbranjena i da odbrani, najizloženije zidine služile su da zbrišu topovima one najzaklonjenije. Svaka tačka je morala biti vidljiva iz neke druge tačke, i tako sve u krug. Stvar je bila u tome da se spreči postojanje tačaka koje se nisu mogle videti i u koje se nije moglo pucati. Trebalo je odraziti se u daljinu, u beskrajnu daljinu, kako bi se videlo i čuvalo ono što se nalazilo pozadi".

Pukovnik zastade, ponovo mi dotače ruku s jednom nežnošću koja je bila nespojiva s njegovom uniformom i činom. Reče: „Eto, voleo bih da sve to osetite". Imao sam utisak da od mene zahteva nešto što prevazilazi moje nadležnosti, i da u tom zahtevu leži apsolutna moć i apsolutni očaj. Možda sam zato odabrao, od onih stvari o kojima mi je govorio, temu koja mi je bila najbliža: „Čudno – rekoh – ali uvek sam smatrao da postoji razlika između osmatranja i nišanjenja. Smatrao sam da bi ta razlika mogla da odvoji moje zanimanje od mog života". Potom sam nastavio da razmišljam o poklapanju nišana i mete, o mogućnosti da se jednim te istim pogledom fokusira i ono što je veoma blizu i ono što je daleko.

Na njegovim usnama zatitra osmeh, kao da to nije bio odgovor koji je očekivao; reče nekim promenjenim glasom: „Da, mogu to da razumem. Ali tada je bilo drugačije. Način na koji se osmatralo i način na koji se napadalo rađali su se bezmalo iz istih proračuna; po prvi put se javila jedna veštačka predstava o prostoru koja je pridala značaj čoveku i, istovremeno, predstava o nekoj veštačkoj sili odaslatoj u prostor i predodređenoj da ga uništi. Balistika i perspektiva su bliže nego što možete da zamislite".

Gotovo je noć. Razgovarajući, više puta smo obišli tvrđavu, i sada smo stajali gore na zidinama. Pukovnik se nagnu preko bedema, oslonivši se rukama na razvaljeni zidić, sveden na manje od pola. Stajali smo neko vreme tako, u dubokoj tišini, usredsređeni na tamu oko nas na koju smo već počinjali da se navikavamo. To je ona ista tama, pomislih, u kojoj su vojnici na straži naprezali oči kako bi nazreli neki pokret u šipražju, naznaku neke senke; ona ista tama u kojoj su vojnici postavljeni kraj puškarnica gađali naslepo, prestravljeni, ili štedljivo, vagajući vreme približavanja neprijatelja i repetiranja sopstvenog oružja; ona tama iz koje će iznenadno izleteti užareni projektili, urlici, bljesci, u nekoj odlučujućoj napetosti iz koje se više ne može natrag, u nekom vremenu dovoljno usporenom da omogući agoniju; ona tama u kojoj će ljudi probuđeni alarmom u tvrđavi jurcati gore iz skladišta noseći municiju, jurcati dole ka ambulantama sa nosilima od kojih će radije odvraćati pogled. Po prvi put pomislih na ovo mesto u odnosu na njegov život, i bezmalo odmah u odnosu na njegovu smrt. Pomislih na pukovnika, na njegovu neobičnu otmenost, na onaj drugačiji rat koji je nesumnjivo spoznao; pomislih na njegov strah, na to kako je njegov strah u nekoj situaciji, nekom prilikom, svakako morao biti opipljiv, ukoliko je on sada mogao da se posveti jednoj tako miroljubivoj pojavi, i na svoj način tako lepoj, kakva je bila tvrđava.

Napokon odlučih da mu to otvoreno kažem. On me sasluša, potom se okrete i nasmeši se: „Možda je upravo to ono što sam želeo da osetite". I dodade: „U suštini, vojna vežba je za vas jedina prilika da pomalo doživite smrt."

I ja se nasmeših, kazah: „Da, možda bi mi to i uspelo. Ali bi u svakom slučaju bilo toliko drugačije, toliko daleko od onoga što u jednoj ovakvoj vojnoj vežbi moram da se napregnem da bih osetio. Vi pričate o nekom vremenu koje se moglo izgubiti, nadoknaditi, zaustaviti, nekom vremenu koje bi trajalo čitavu jednu noć ili čitavu zoru i polako se okončavalo, s neizvesnošću i obrtima. Ja nasuprot moram da uložim napor da to osetim u jednoj sekundi, možda i u kraćem deliću vremena; morao bih da uhvatim ivice te sekunde i rastegnem ih, da sagledam i osetim i dodirnem na hiljade podataka koji prebivaju unutra, na hiljade odluka, na hiljade konačnih izbora, uz to i neopozivih, među kojima bi bila i moja smrt, koja zasigurno ne bi duže trajala. Moja tvrđava je velika jednu sekundu, prostire se svuda unaokolo, kod nje više ne postoji ni spolja ni unutra već samo jedna granica koju mogu da zamislim samo zato što mi je tako lakše, premeštajući je svaki put na drugo mesto. To je sekunda koja sadrži milione povezanih i nepovezanih čestica, navođenih, nadziranih; koja sadrži sve one uobičajene poteze i kontrapoteze koji sežu do jednog sasvim sračunatog, sasvim zamišljenog nivoa. Ponekad pomislim da je ta ogromna sekunda tako zasićena svim mogućim slutnjama, svim mogućnostima, da ćemo sada krenuti u potragu za nekom novom, za nekim višim nivoom, za nekim širim prostorom, nekim bržim vremenom, kako bismo ponovo otpočeli da sračunavamo poteze i kontrapoteze. Voleo bih kad ništa od toga ne bi postojalo, ali navikao sam tako da živim, pa čak i da tako umrem, „pomalo", kao što vi rekoste, a da se pri tom ništa ne dogodi. Ponekad pomislim da upravo izlazimo iz te sekunde, uz rizik da krenemo napred, ili da se vratimo unazad. Možda su me zbog toga poslali da upoznam jednu tvrđavu".

Dugo samo ćutali, okruženi tišinom koju nijedan od nas dvojice nije želeo da prekine, iako me pukovnik u jednom trenutku pogleda, proučavajući moju ćutnju. Ponovo se zagledasmo u tamu doline, i pukovnik reče: „Znate, ni ja nikada ranije nisam video *Dillon Bay*. Ovo je prvi put da ga vidim uživo".

Začuh uzbuđene glasove s one strane zidina, nagnuh se preko bedema, vojnici su bili dole, okupljeni oko crvenih svetlećih oznaka na uređajima; narednik je mahao rukama u našem pravcu, davao nam neke znake, vikao nešto što nisam mogao da razaberem.

„Da, stižu – reče pukovnik, potom dodade: – Nikada ranije nisam video ovu tvrđavu, ali poznavao sam je do u tančine. Imao sam originalne planove iz kojih sam uspeo da izvedem nacrt. Sam sam ga izradio. Svaki put bih ponešto dodao a već sledeći put bih to obrisao. Čudno, ali upravo je onakva kakvom sam je zamišljao".

Čula se buka dizel-motora, jaka, s druge strane brežuljka, motora koji se naprežu da savladaju uzbrdicu, i taj zvuk je bio sve bliži. Pukovnik je gledao ka prevoju, oslonjen laktovima na zidić; reče: „To mora da su francuske trupe. Kako vi kapetane stojite s francuskim?"
„Dobro", odgovorih smešeći se. Na stepenicama se začuše koraci narednika i vojnika koji su se penjali.

„To je Montbaunova tvrđava – reče pukovnik – jedna od poslednjih koju je sagradio. On je bio Holanđanin, proveo je polovinu života pokušavajući da napravi gotovo neosvojivu tvrđavu, i to mu je s *Dillon Bay*-em i uspelo. Bilo je nemoguće osvojiti je, a to nije zavisilo samo od njenog oblika, već i od laguma. Zidine su bile pune šupljina, kompenzacionih komora; čak i ako bi neprijateljski vojnici prokopali tunel i postavili eksploziv, srušio bi se samo jedan njen deo ali je bedem odolevao. Stoga je drugu polovinu života proveo izučavajući na koji bi se način mogla uništiti tvrđava koju je sagradio".

Narednik mi priđe s leđa, pomalo zadihan. Reče: „Kapetane, tu su..." Klimnuh potvrdno glavom, ne okrećući se ka njemu i vojnicima. Svi smo ćutali u tami posmatrajući brežuljak, čuli smo motore koji su radili na minimumu, videli poneko sigurnosno svetlo koje bi zatitralo među crnim rastinjem.

„*Dillon Bay* je savršena tvrđava – reče pukovnik. – I kao i sve savršene tvrđave niko je nikada nije napao", dodade široko se osmehnuvši.

Klimnuh glavom, ništa ne odgovorivši. Stajao sam pored njega, narednik i vojnici su stajali iza nas; svi smo bili nepomični, pomalo raštrkani, usredsređeni na pomrčinu, razdvojeni, pa ipak združeni okolnošću.

On reče: „Hajdemo".

Okrenuo se nekako neodlučno, činilo se kao da nešto traži, stegao je ruke oko sebe i dolinom se, sekund nakon toga, razlegoše dve otegnute eksplozije, dva pucnja iz automatskog oružja, usamljena, razgovetna. Videh njegove širom otvorene oči, nepojmljivo velike, videh ruku kako traži neki oslonac u vazduhu, i čitavo telo koje se stropoštava na zemlju.

Odjednom nas zabljesnu snop svetlosti; reflektori na obronku rešetali su mrak, velikom brzinom kružili su po tvrđavi. Nađosmo se u nekoj mlečnoj svetlosti, gustoj poput kakvog zvuka koji nas je razdvajao od okolnog mraka; u nekoj zaslepljujućoj tekućini, u nekom ledenom bleštavilu koje kao da nije obasjavalo tvrđavu, već je izbijalo direktno iz njenog kamena.

Bili smo nagnuti nad pukovnikom. Obavljali smo užurbane i beskorisne radnje. Svaki pokret kao da je bio otcepljen od našeg neposrednog opažanja, sve što smo videli rastakalo se u nekoj paralelnoj jednovremenosti, i tek pošto bi prešlo beskrajno mnogo ravni spojilo bi se sa samim sobom i postajalo ono što jeste: položaj tela, nabori na uniformi, seda kosa u dodiru s kamenom.

Dugo smo tako ostali, u tišini, izbegavajući da se pogledamo.

Ispod zidina odjeknuše pozdravi, isprva glasno, potom sve neodlučnije, opreznije.

Jedna laki vojni avion nadlete brežuljak i sada se lagano, u niskom letu, približavao tvrđavi. Iz otvora na krilima izbijao je fosforescentni dimni signal, dve trake, mlečnobele, naspram crnog nebeskog svoda. Vojna vežba je bila završena.

KAO KOMETA

Uskoro ćeš doći da me povedeš sa sobom na tvoj nebeski zadatak, doći ćeš kada dan posve umine i mrak otkrije nebo, kao u bioskopu, rekla si, treba sačekati da se pomrčina zgusne kako bi se iz nje nešto rodilo. Imaš skromnu opremu, tako mi barem izgleda, očekivao sam teleskop, stalak, fotografski aparat s moćnim objektivom, međutim dovoljan je dvogled, ali kakav dvogled!, kažeš, „legendarni" Fudžinon, s kojim je Judži Hijakutake video svoju kometu, Hijakutakeovu kometu, onomad. Danas komete otkrivaju samo amateri, ljubitelji zvezda, japanski obožavaoci, australijski obožavaoci, u zavisnosti od neba koje tamo imaju. I ja sam takođe obožavalac, imam i kartu nebesko-rajskih tela, koje sam video i otkrio: žene, način na koji spoznajem ono što mi je najudaljenije, žene dvoglede, uz žene sam počeo ozbiljno da se zanimam za svakodnevni život i probleme zatvorenika, za ikonografiju i tipologiju Blagovesti, za blagdane i citate iz Korana, sve one stvari što sam kao obožavalac obožavao u ženama koje sam obožavao, stvari koje pre nego što sam počeo da ih obožavam nisam ni poznavao i koje bih nakon toga zaboravivši te žene zaboravljao, a večeras, ovaj put, na redu si ti, Anita, ti, to jest kometografija.

Nešto kasnije, izašavši iz metropole, voziš polako, pratiš u ogledalcetu kako zamiru svetlosni zagađivači, što dublje zalazimo u periferiju i periferiju periferije sve do potpune tame proplanka. Odatle, sa brežuljka, grad izgleda kao vasionski brod uronjen u neku krvavocrvenu izmaglicu. Ne znam zašto mi nikada ne uspeva da izađem iz grada, njegov iznureni univerzum je čarolija od koje ne mogu da se odbranim, a ipak taj spoljni svet je tako opipljiv, nadomak ruke, i to spolja sačinjeno od tame i životinjskih zvukova mi je do te mere strano da mi deluje egzotično. Nasuprot, sasvim mi je blisko da budem pratilac i nosač; uzimam baterije iz kola, kutiju u kojoj je dvogled, termos sa kafom i u stopu te pratim dok silaziš niz padinu, kao što sam pratio Elenu do Bejruta i Rabata noseći knjige koje bi nabavljala nakon dugih rasprava sa knjižarima upućenim u stvar, ili kao što sam pratio Čečiliju na poslovna putovanja u Ređinu Koeli ili u San Vitore, a poput nje i ostale. Njušiš prostor, Anita, senke drveća na rubu mraka, procenjuješ položaje tamo gore i ovde dole, potom upireš prstom u jedno mesto na tlu kao da tu treba da osnujemo grad, tu ćemo se smestiti. Pružam ti parčiće crvene hartije u koje umotavaš dve baterije kako bi im prigušila svetlost, pružam ti mape. Gde treba da gledam?

Ne znam da li sam baš oduševljena što si pošao sa mnom, s jedne strane mi je drago što nisam sama, mada je ovo mirno mesto i nije me strah, s druge strane ne poznajem te, ne bih želela da se raspričaš, niti da moram da o tebi vodim računa u momentima kad budem sasvim obuzeta. Gde treba da gledaš? Nigde za sada, sačekaj dok ti se ne rašire zenice, na oko sedam milimetara, tada ćemo moći da počnemo. Pa čak i ako je kometa već tamo, ne kreće se tako brzo, znaš, to nije meteorit ili zvezda padalica, samo je treba pronaći, budi nežan, dodaj mi mape, ne, čekaj, moram to odmah da ti kažem, moram odmah da ti kažem da možda ništa nećemo videti, ubrzo će svanuti, mnoge noći sam provela ovako, nebo treba da je bistro a ovo baš nije od onih najboljih, ali je zato najbliže koje imamo. Doduše, odavde sam jedno telo već više puta videla, pre nekoliko meseci, s ovog istog mesta, čak sam ga i sinoć videla, ali potrebno je vreme da bismo bili sigurni. Neću ti govoriti o tome da vikend uglavnom provedem računajući, kako bih isključila mogućnost da se radi o kakvoj običnoj zvezdi na nebu, o kakvoj promenljivoj zvezdi ili pak asteroidu, niti da kod kuće naravno imam teleskop, budući da ti dvogled ne deluje uverljivo; ali u ovoj materiji čovek nikada nije siguran, iako bi trebalo da bude, i to više nego siguran, pre nego što pošalje poruku u *Bureau for Astronomical Telegrams*, Kembridž, prijavljujući otkriće; odnela sam sve podatke u Opservatoriju, zamolila ih da provere, pre toga sam to isto zamolila i najveće stručnjake iz mog udruženja. Ne znam zašto si hteo da pođeš sa mnom, ali ne očekuj da se večeras dogodi nešto značajno, barem s astronomske tačke gledišta, ako nešto i ugledamo biće to ono uobičajeno, dok čekamo mogu da ti pokažem zvezdanu mapu i nekoliko fotografija galaksije, kako bi bio spreman kada dođe vreme.

Nekoliko minuta mraka, rekla si, ja poslušno izvršavam, neobična predigra kako bi se zenice otvorile kao što se otvara polni organ, i već su zasute mlečnim oblicima s fotografija, galaksijama rumenim od svetlosti baterije, pokazuješ mi ih i komentarišeš tonom kojim se komentariše porodični album, ja razabiram samo „spojena i tačkolika jezgra" i „sveukupni smisao spirale", kao što rekoh, moj domet je grad, već i samo ovo mesto mi je strano, da i ne govorim o galaksijama; a ona za koju kažeš da je „poremećena", drugačija no što je bila tokom meseci kada si je pratila, dopada mi se više zbog stidljivosti s kojom obuzdavaš svoju strast, svoju opsesiju. Da budem iskren, još uvek ne shvatam kako se s dvogledom može videti nešto toliko udaljeno, naravno cevi su mu mnogo duže nego kod običnog dvogleda, verujem ti na reč kada mi kažeš „dvadeset pet puta pet stotina" (da li je to uvećanje?), i da tvoj dvogled zadržava u polju i zvezde izvan fokusa, i da se kroz njega magline vide do najsitnijih detalja, ali pre svega shvatam da je to *tvoja sprava*, to dobro shvatam gledajući te kako stojiš s tom dvostrukom cevi uperenom u nebo dok pedljima meriš visinu na horizontu (da li još uvek postoji neki horizont? u tom mraku?), i nagib u odnosu na ko zna koji tvoj lični orijentir. Ti si poput admirala što stoji na obali, sviđa mi se krivulja tvojih leđa izvijenih unazad kako bi postigla ravnotežu sa tom dvocevnom stvarčicom koja stremi u visine, sviđa mi se čak i tvoja mršava zadnjica, admirale.

Koliko pitanja, znala sam da ćeš imati gomilu pitanja, upravo sad kad sam našla položaj, sad kad se približavam, kako da ti odgovorim?, uvećanja su uvećanja, a kod takvih uvećanja mnogo je već i ako otvorim usta, reći ti „da" ili „ne" vredi sto hiljada kilometara, a uostalom da ili ne kada je reč o jednoj kometi ništa ne znači, suviše je krhka, suviše nestalna, neprekidno se menja, začas se zapali usled kakve erupcije i začas se rasprši, ako ništa drugo sudari se s nekom planetom, pri svakom prolasku sunce joj ponešto oduzme, i tako ona uzmiče, gasi se... Evo je, ako je to ona... Želiš li da znaš da li ima rep? Ne, još uvek se oblikuje. Želiš li da znaš odakle dolazi? Iz Ortove magline, sa krajnjih rubova, iz zone najudaljenijih kometa, gde je sve još uvek kao na početku, odande dolaze one što dugo putuju, tri ili četiri hiljade godina do sunca i natrag, uostalom vreme ionako postoji samo za nas, samo mi brojimo dane.

Kafa? Možda je bolje da je više ne prekidam, šta ako izgubi kometu? Može kafa, kažeš, ali me ne gledaš, biraš pogodno mesto da odložiš dvogled, kad bi samo mogla da vidiš koliko ti je lice sada drugačije, dok ponovo golim okom osmatraš nebo kako bi se uverila da se ništa nije promenilo. Od svega onog što si mi rekla nisam shvatio gotovo ništa, osećam jedino kako se u tebi smenjuju napetost i opuštenost, tamo i natrag?, je l' to orbita?, šta god da je, dopada mi se. Taj dvogled te povezuje sa ko zna čim, ko zna gde, neposredno, preskačeš svaku prepreku, to je tvoj prijemnik, prijemnik za posebne poruke, ne primećuje hiljade lica, tela, progona, surovosti, reči, ugrađenih u znakove kojima je zasićena atmosfera kroz koju prolazi, ko zna, ili je to možda kakav muzički komad o kometama, počevši od one vitlejemske.

Zaista čudno, to čak i nije bila kometa već najverovatnije meteor, ako ga je uopšte i bilo, uostalom samo Matej o tome govori, i tada govori samo o jednoj zvezdi, i o njoj govori samo kada govori o tri Kralja, koji behu zoroastrijanci, po religiji astronomi. Hejlijeva kometa je prošla jedanaest godina pre Hrista, videli su je Kinezi koji su proučavali komete i beležili ih u svoje knjige. Verujem da je za Vitlejem zvezda bila samo simbol, simbol svetlosti. Ali ne dolazim ja ovde zbog te svetlosti da tražim komete. Ne radi se ni o svetlosti niti o tajni, za to bi mi bila dovoljna neka beznačajna zvezdica, neka nepomična zvezdica poput one tamo, vidiš li je?, oduvek nepokretna, tako da mogu da je gledam kad god poželim. Nije to ni opsesija, znam da to misliš, ili možda misliš da je to neki beg, ili razbibriga, ili, što da ne, jedan od načina da namamim muškarce ovamo u mrak. Ali veruj mi, to je nešto sasvim drugo, to je zato što su komete drugačije, čudnovate su, riskantne, rađaju se slučajno i nepredvidljivo, sjedinjuju tečnu materiju i prostor, komete su bremenite, njihova utroba, njihovo jezgro sadrži led, vodu i kosmičku prašinu, one dolaze s krajnjih rubova noseći možda stvari kakve su bile na početku, ako je neki početak ikada i postojao. Naravno, sve je to stvar mašte. Veliki deo posla kojim se ja ovde bavim zasniva se upravo na mašti, a možda bi ti voleo da maštaš o nečem drugom, možda tebe komete plaše? Divno je što svaka maštarija može da odluta kud god poželi, kloaka ili nebo sasvim je svejedno, pa i u igri, između kloake i neba nema razlike. Hoćeš li da gledaš? Uskoro će svanuti zora, hoćeš li da gledaš?

I tako ustajem, udišem vlagu i mrak, ti uzimaš dvogled, zauzimaš malopređašnji položaj i smeštaš me pokraj sebe, rame uz rame, nameštaš me kao da sam nišandžija. Ciljaš svojom spravom, tvoje telo polako postaje podatno, osećam da si spremna i opuštena, ne znam da li zato da bi izbegla bilo kakav pokret, ili zato što ti jedino tako uspeva da pronađeš kometu, kad prestaneš da je tražiš. Tvoja ruka lagano klizi uz moja leđa, penje se ka potiljku dok ti u međuvremenu ne odvajaš oči od okulara, tvoja ruka mi blago gura glavu ka dvogledu, zaustavlja se tek pošto tvoj obraz dodirne moj. Govoriš štedeći reči, prisloni oko na jedan okular, kažeš, ja ću da gledam kroz drugi, ovo treba izvesti veoma pažljivo, slika neće imati dubinu, imaće samo dve dimenzije, ali je barem nećemo izgubiti. Poslušno izvršavam, izršavam uvek iz principa, ali i zbog topline tvog obraza koji jedva osetno podrhtava dok izgovaraš te reči. Osećam grub dodir gume koja mi okružuje oko. Mutno, suviše je mutno, suviše blještavo, ništa ne vidim, ostajem prignječen svom tom blizinom, kao da me je neko udario. Čekaj, kažeš, čekaj, i ne guraj me. Čekam. Slika polako dobija na oštrini, iz mnoštva belih tačkica izranja jedna lopta nejasnih kontura sa žitkim oreolom, jedna želatinozna i čvrsta kugla sa pokojim vlakancem uvijenim u spiralu, dok se oreol pregiba u suprotnom smeru od vetra, u obliku slova V sa dve plavičaste brazde, kao što se u stripovima dočarava brzina i trenje. To je kometa? Da, kažeš, gotovo sam sigurna da jeste, vidiš li je sada? Ostajemo tako nepomični, priljubljeni uz dvogled. Potom se tvoj obraz odvaja od mog, prepuštaš mi i drugi okular. Da li je sada bolje vidiš?, deluje li ti stvarnije? Vidiš li je?... Osećaš li je?...

...Kao kometa ne isijavam neku značajnu svetlost, ali plodna sam, nebesko seme, nebeski zametak, žensko-muško ovde ne važi, nazvaće me Anita, to će biti prikladno, bolje Anita nego kakvo neizgovorljivo japansko ime ili brojka što označava nebeska tela, ionako imena ništa ne znače, s imenima se ništa ne dobija, od mene neće ništa dobiti, nemam objašnjenja, nemam volju, nemam svrhu. Kao kometa ja sam samo silina, život i propast, zvezdani užas, dobra zvezda ili zvezda razdora, dolazim iz zone onih koji su izopšteni, iz krajnje zone još nerođenih, onih koje su zaboravili da donesu na svet, onih suviše udaljenih od Sunca u času kada se sve rađalo, kroz sudare i lomove, i u toj maglini ostala sam nedorečena i prognana, Ortovoj maglini, ostala sam tu na okrajku, neostvarena planeta, bremenita iskonskom materijom i krhotinama preostalim od onoga što se rađalo i rasprsnulo, kao kometa ja sam plodna, nosim ono što zovu život, ali da bih oplodila moram da se uništim, da se sudarim s nekim telom i razornom snagom prodrem u njega, cepajući se–cepajući ga, mešajući svoje tekućine, vodu i glečere, s njegovom jalovošću. Možda kroz milion godina, od milion mogućnosti, možda nikad. Kao kometa večiti sam putnik, kružim, pri svakom krugu ponešto izgubim, pri svakom putovanju po svojoj orbiti sunce me istanji, kao kometa nisam ništa, osim imena i razloga koje mi usput pripisuju, nemam volju, nemam objašnjenja, nemam nikakav cilj, nemam sećanje, svaki put je prvi put, kao kometa, dok me posmatraju, ja sam već otišla...

Napomena

Ove pripovetke su se ređale sledeći neku sopstvenu nit. *Dillon Bay* je napisana 1984, kada je postalo jasno da bi zabrana upotrebe atomskog naoružanja mogla da obnovi konvencionalan način ratovanja, što se i dogodilo. *Apsolutan sluh* datira iz 1990, i želeo bih da zahvalim Lučanu Beriju na njegovim dragocenim savetima prilikom revizije teksta. „*Kakvi su sada!*" je nastala 1992, ali vodi poreklo od mnogo ranije, kada sam u časopisima video fotografije Alda Mora i Pjera Paola Pazolinija snimljene nakon njihove smrti. *Evil Live* datira iz 1995–96, *Fuga* i *Kao kometa* iz 1996.

Pripovetku *Dillon Bay* objavio je Vrhovni Štab Vojske Italije, *Kao kometa* je štampana u listu „*Il Sole-24 Ore*".

O PISCU I DELU

Danijele del Đudiče (*Daniele del Giudice*) rođen je u Rimu 1943. godine, a danas živi u Rimu i Veneciji, gradu pisaca (gde vodi jedan studijski centar za naraciju). Njegov prvi i možda najbolji roman, *Vimbldonski stadion* (koji će uskoro, preveden, takođe izići u izdanju *Rada*), s predgovorom Itala Kalvina, pojavio se 1983. godine u Torinu. Kao pripovedač, Del Đudiče je nesumnjivo bio jedno od najistaknutijih otkrića u savremenoj italijanskoj prozi osamdesetih godina. Njegove narativne inovacije obogatile su spektar datih književnih postupaka prvenstveno time što su dočaravale svoj predmet kao naročitu mentalnu konstrukciju. U naoko malim koracima, koji se odigravaju jedino u mentalnom svetu likova, pripovedanje prati skrovite linije života da bismo na koncu dobili krhko i senzibilno tkanje priče. Ta volja za narativnim istraživanjem nastavlja se i u Del Đudičeovoj sledećoj knjizi *Zapadni Atlant* (1985). U kratkoj povesti *Muzej u Remsu* (1988) na inteligentan i originalan način prati se motiv svetlosti unutar vizualnog procesa i neposredno primenjuje na šesnaest autorovih slika koje su integralni deo knjige.

Posle dužeg perioda izlazi zbirka priča *Otkidanje senke od tla* (1994) koja će dobiti uglednu nagradu Baguta. U njoj je upečatljivo dočarano piščevo pilotsko iskustvo, a pitanje letenja se izlaže kao ekstremna dimenzija mogućnosti. Za razliku od Sent-Egziperijeve (koji se i sam pojavljuje u knjizi, baš u času svog poslednjeg leta nad Sredozemljem) pohvale letenju, ovde imamo čudesnu i elegantnu osudu strasti prema letenju, svojevrsnu

„odu strahu". U osam priča, smeštenih u ratno i mirnodopsko vreme, letačko zadovoljstvo iskrsava kao neprirodni čin u kome se svaka greška strogo kažnjava. Pred nama kao da se odvija tajna, nepisana istorija avijacije čiji prećutani incidenti tokom vazdušnih borbi, ili u kontrolnom tornju, ili prilikom neke lekcije iz pilotiranja, s naličja razotkrivaju istoriju samog čoveka suočenog s nemogućnim, istoriju čoveka zalutalog u ogromnom oblaku. Više nego igde, u takvom pripovedanju se Del Đudiče pokazuje kao Kalvinov potomak, čak i kao neveran.

Njegova najnovija knjiga (*Mania*, 1997), zbirka priča u vašim rukama, kojoj smo naslov dali prema francuskom prevodu iste, na samom je vrhuncu pripovedanja koje u gustini jezika raskriljuje ambijent imaginacije. Ovde do punog izražaja dolazi Del Đudičevo majstorstvo da rukuje s mogućnošću raznih smerova u saopštavanju, ploveći rekom istog jezika, i čijom punoćom ne možemo a da nismo obuzeti posle čitanja.

A.

SADRŽAJ

Apsolutan sluh 5
„Kakvi su sada!" 44
Evil live 64
Fuga 82
Dillon Bay 94
Kao kometa 116
Napomena 123
O piscu i delu 125

Izdavačko preduzeće
RAD
Beograd, Dečanska 12

*

Glavni urednik
JOVICA AĆIN

*

Grafički urednik
MILAN MILETIĆ

*

Lektor
MIROSLAVA STOJKOVIĆ

*

Korektori
MIROSLAVA STOJKOVIĆ
NADA GAJIĆ

*

Nacrt za korice
JANKO KRAJŠEK

Realizacija
ALJOŠA LAZOVIĆ

*

Priprema teksta
Grafički studio RAD

*

Za izdavača
SIMON SIMONOVIĆ

*

Štampa
Elvod-print, Lazarevac

www.ingramcontent.com/pod-product-compliance
Lightning Source LLC
LaVergne TN
LVHW051133080426
835510LV00018B/2383